신구약 중간사 이야기

신구약 중간사 이야기

초판 1쇄 발행 2013년 11월 11일
초판 8쇄 발행 2024년 8월 15일

   지은이 김병국
   펴낸이 장대윤

   펴낸곳 도서출판 대서
    등록 제22-2411호
    주소 서울시 서초구 방배동 981-56
    전화 02-583-0612 / 팩스 02-583-0543
    메일 daiseo1216@hanmail.net

   디자인 참디자인(02-3216-1085)

 ISBN 979-11-92619-91-2 (03230)

* 책 값은 뒤표지에 있습니다.
* 잘못된 책은 교환하여 드립니다.

이 책은 신 저작권법에 의하여 한국 내에서 보호받는 저작물이므로
무단 전재와 무단 복제를 금합니다.

신구약 중간사 이야기

김병국 지음

STORY OF INTERTESTAMENTAL PERIOD

도서출판 **대서**

STORY OF INTERTESTAMENTAL PERIOD

PREFACE

머리말

신구약 중간기의 역사를 소개하는 책들은 많이 있습니다. 하지만 신약 성경을 읽기 위한 예비지식으로서는 너무 지나치게 자세한 자료들을 포함하고 있는 경우가 대부분입니다. 그래서 신약 성경을 읽기 위해 꼭 필요한 자료들만을 모아서, 기독교적 관점의 해설을 곁들인 책을 만들어 보았습니다. 하나님의 말씀을 사랑하시는 분들에게 이 책이 도움이 될 수 있기를 바랍니다.

2013년 8월
김병국 교수

머리말 • 5

제1장 · 복음전파를 위해 하나님이 예비하신 것들

이방인의 땅에 세워졌던 유대인들의 회당 • 15
알렉산더 대왕을 통한 언어의 통일 • 75
히브리어 성경이 헬라어로 번역됨 • 38
로마제국의 지중해 유역 통일로 인한 정치적 안정(Pax Romana) • 51

제2장 · 신구약 중간시대

앗수르, 바벨론, 그리고 바사(페르시아) 시대 • 63
알렉산더 대왕과 헬라제국 시대 • 75
마카비 전쟁(Maccabean war)과 하스모니안(Hasmonean) 왕조 • 112
유대교의 네 분파 • 113

제3장 · 신약시대의 배경

로마 식민지 기간 • 192
헤롯 가문의 통치자들 • 200
로마와의 전쟁과 그 결과 • 218
유대교와 기독교의 분열 • 225

책을 맺으며 • 237

제1장

복음 전파를 위해 하나님이 예비하신 것들

STORY OF INTERTESTAMENTAL PERIOD

STORY OF INTERTESTAMENTAL PERIOD

01

복음전파를 위해
하나님이 예비하신 것들

　구약의 마지막 선지자는 말라기입니다. 말라기 선지자부터 예수님이 오실 때까지 약 400년의 기간이 있습니다. 이 기간은 신약성경의 배경을 이루는 기간입니다. 신학자들은 이 기간을 구약과 신약의 중간에 있는 시대라고 해서 신구약중간기라고 부릅니다. 우리가 신약성경을 더 잘 이해하기 위해서는 이 기간에 무슨 일이 일어났는지를 알아야 합니다.

　이를테면 신약성경을 펼치면 사두개인, 바리새인이라는 사람들이 등장합니다. 예수님께 거의 늘 야단을 맞는 나쁜 사람들인데 구약성경을 아무리 뒤져도 이 사람들이 어떤 사람들인지 설명이 없습니다. 왜냐하면 그들은 신구약중간기에 생겨

난 사람들이기 때문입니다.

여러분이 교회에서 성경공부를 인도하고 있다고 해봅시다. 어떤 분이 '저, 집사님, 바리새인들이 어떤 사람들이죠?'라고 질문을 했을 때, '아, 바리새인이요? 아주 나쁜 사람들입니다'라고 대답하는 것보다는 그 사람들이 어떤 생각을 가지고 있었고 어떻게 살았던 사람들인지를 차근차근 설명해 준다면 더 좋을 것입니다. 이 책은 그런 것을 돕는 책입니다.

신구약중간기가 왜 필요했을까?

그런데 신약과 구약 사이의 400여 년이라는 기간이 왜 필요했을까요? 그냥 말라기 선지자 이후에 곧장 예수님이 세상에 오셨으면 더 좋지 않았겠습니까? 아닙니다. 그 기간은 꼭 필요했습니다. 갈라디아서 4:4은 "때가 차매 하나님이 그 아들을 보내사 여자에게서 나게 하시고"라고 말씀합니다. 하나님이 계획해 놓으신 때가 꽉 찼기 때문에 예수님을 세상에 보내셨다는 겁니다.

신약과 구약 사이의 이 기간은 한 마디로 말해서 기독교라는 세계 종교를 탄생시키기 위해 필요한 기간이었습니다. 구약 유대교는 주로 유대인들을 위한 종교였습니다. 물론 이방인들도 간혹 성경에 등장하긴 합니다. 또 하나님께서 아브라함을 부르실 때 "땅의 모든 족속이 너로 말미암아 복을 얻을 것"(창 12:3)이라고 말씀하시기도 했습니다. 하지만 구약 종교가 일차적으로 유대인들을 위한 종교라는 사실은 부정할 수 없습니다.

하지만 기독교는 어떻습니까? 세계 종교입니다. 이방인과 유대인 사이의 막힌 담은 이제 예수님으로 인해 무너졌습니다(엡 2:15). 복음은 모든 민족에게 아무 차별 없이 전해집니다. 그런데 유대인들을 위주로 한 종교였던 구약종교가 모든 이들을 대상으로 하는 세계 종교가 되기 위해서는 준비 작업이 필요했습니다. 그리고 그 준비 작업을 위한 기간이 바로 신구약중간기였습니다. 그렇기 때문에 신구약중간기에 무슨 일이 있었는지를 아는 것은 신약성경을 바로 이해하기 위해 아주 중요합니다.

이 책에서 신구약중간기를 설명하는 순서

그런데 신구약중간기 역사를 그냥 순서대로 쭉 설명하다가 제가 가끔 '여러분, 이것은 복음전파를 위한 준비 작업으로서 매우 중요한 일이었습니다. 이것을 꼭 기억해 두시기 바랍니다'라고 한다면 집중도가 떨어질 것입니다. 더 중요한 사건들에 대해서는 다른 덜 중요한 사건들에 비해 더 많은 관심을 쏟아야 하는데 시간 순서대로 역사를 설명하면 그렇게 하기가 힘듭니다.

그래서 이 책에서는 다음과 같은 순서를 따르기로 합니다. 즉 시간순서에 상관없이 복음전파를 위한 준비 작업으로서 가장 중요했던 일들을 먼저 설명합니다. 그것들을 설명한 후 일반적으로 역사를 설명하듯이 구약 마지막 시대부터 신약시대까지의 중요한 사건들을 시간순서대로 죽 설명하려고 합니다. 그렇게 하면 먼저 설명했던 중요한 사건들은 이 책에 두 번 등장하게 될 것입니다. 두 번째 등장할 때는 설명을 짧게 하겠습니다. 그러면 여러분들은 '아, 이전에 읽었던 그 내용이 역사적으로 이 시기에 속하는 것이었구나'라고 하시며 이해를 더 확실하게 하실 수 있을 것입니다.

그렇다면 예수님이 오시기 전까지 복음 전파를 위해 하나님께서 예비하신 가장 중요한 일들로는 어떤 것을 꼽을 수 있을까요? 나는 다음과 같은 네 가지라고 생각합니다.

① 이방인의 땅에 세워졌던 유대인들의 회당
② 알렉산더 대왕에 의한 헬라어 보급
③ 톨레미 왕조에 의한 구약성경의 헬라어 번역
④ 로마제국의 도로건설과 법률제도

자 먼저 '이방인의 땅에 세워졌던 유대인들의 회당'부터 살펴보도록 하겠습니다.

이방인의 땅에 세워졌던 유대인들의 회당

복음이 이방인들 사이에서 빨리 전파되기 위해 가장 중요한 역할을 했던 것은, 적어도 내가 보기에는, 유대인들의 회당이었습니다. 솔로몬 왕 때까지는 이스라엘이 통일된 국가를 이루었습니다. 하지만 그의 아들인 르호보암 때에 나라가 남북으로 갈립니다. 북쪽 왕국은 이스라엘이라고 불렸고 남쪽 나라는 유다라고 불리게 됩니다. 북쪽의 이스라엘은 주전 722년에 앗시리아에 의해 멸망을 당합니다. 그리고 남쪽의 유다도 주전 586년에 바벨론에 의해 망하고 말았습니다.

이 때 조국을 떠나 사방으로 흩어진 유대인들이 곳곳에 세운 소규모 공동체를 디아스포라(diaspora)라고 합니다. 회당이 그들의 종교생활의 중심이 되었습니다. 독립된 회당을 세울 수 있는 정족수는 성인 남성 10명이었습니다. 10명의 남성이 있으면 새로운 회당을 만들 수 있었습니다. 회당은 다양한 용도로 사용되었습니다. 물론 안식일에는 그곳에서 예배를 드렸지만 평일에는 학교로도 사용되었고, 또 유대인들이 모이는 마을회관 같은 역할도 했습니다.

회당의 구성원들

그런데 이 회당이 어떻게 복음전파를 위한 기관이 될 수 있었을까요? 회당의 구성원들을 살피면서 설명하도록 하겠습니다. 회당은 다음과 같은 세 부류의 사람들로 이루어져 있었습니다.

① 유대인: 태어난지 8일 만에 할례를 받은 태생적 유대인
② 개종자(proselytes): 회당 예배에 참석하는 이방인들 중에서 할례를 받은 자들
③ 하나님을 두려워하는 (경외하는) 자들(God-fears): 회당 예배에 참석하는 이방인들 중 아직 할례를 받지 않은 자들

태생적 유대인은 별로 설명할 것이 없습니다. 그냥 우리가 흔히 알고 있는 유대인들입니다. 개종자와 하나님을 두려워하는 자들은 유대인들의 회당 안에 이방인들이 있었음을 말해 줍니다. 유대인들은 당시 주변의 사람들보다 훨씬 높은 도덕성을 지니고 있었습니다. 그렇기 때문에 이방인들 중에서 유대인의 종교에 관심을 가지고 회당에 출입하는 경우가 많았습니다.

개종자들과 하나님을 두려워하는 자들 사이의 차이는 위에서 밝힌 것처럼 할례를 받았느냐 혹은 아직 받지 않았느냐 하는 것입니다. 아무리 신앙이 좋다 해도 할례를 받지 않았으면 '하나님을 두려워하는 자'라고 불리는 것이고, 신앙 연륜이 얼

마 되지 않는다고 해도 할례를 받았으면 '개종자'라고 불리게 됩니다.

할례의 어려움

그러면 우리는 "아, 그까짓 할례 그냥 받아버리면 되지, 왜 그걸 안 받고 '하나님을 경외하는 자'의 수준에 머물러 있나?"라고 생각하기 쉽습니다. 하지만 그게 그렇게 간단한 문제가 아니었습니다. 할례라는 것이 잘 아시다시피 오늘날의 포경수술을 말합니다. 지금이야 비교적 간단한 수술이지만 그 옛날에는 성인이 되어 포경수술을 받는다는 것은 엄청난 결단을 요구하는 심각한 일이었습니다. 그 이유는 크게 다음 세 가지입니다.

첫째, 할례를 받을 때의 엄청난 고통입니다. 유대인들은 태어난 지 팔 일 만에 할례를 받기 때문에 할례의 고통을 알지 못합니다. 하지만 변변한 마취제나 진통제가 없던 그 시절에 성인 남자가 할례를 받는다는 것은 엄청난 고통을 각오해야 하는 일이었습니다. 창세기에 보면 야곱의 딸 디나가 세겜에 의해 추행을 당합니다. 이에 대한 보복으로 그녀의 오빠들은 거짓말로 세겜을 속여 그 성의 모든 남자들이 할례를 받도록 합니다. 그리고 제 삼일에 그들이 고통스러워할 때 시므온과 레위가 그 성을 습격하여 그 성의 모든 남자들을 죽여 버립니다(창 34:25). 할례의 고통은 이와 같이 심각한 것이었습니다.

둘째, 할례는 고통스러울 뿐만 아니라 무척 위험한 일이기도 했습니다. 수술을 받다가 과다출혈로 사망할 수도 있었고, 소독제나 항생제가 발달하지 못한 시대였기 때문에 나중에 염증이 생겨 심각한 결과를 초래할 수도 있었습니다.

셋째, 할례는 자기 동족들로부터 따돌림을 당할 수 있는 위험을 가져다 주었습니다. 당시 지중해 연안의 도시에서는 공중목욕탕 문화가 발달했습니다. 그런데 그곳은 몸을 씻는 것보다는 남자들끼리의 사교의 장소로 흔히 사용되었습니다. 그런데 그 당시 다른 민족들 사이에서는 할례를 받는다는 것은 야만적인 행위로 간주되었습니다. 우리가 지금 텔레비전을 보다가 아랫입술에 커다란 원반을 끼운 여인들이나 목에 링을 끼워서 길게 늘인 사람들을 보면 혐오감을 갖는 것과 같습니다. 당시에는 할례가 그런 행위들 중 하나였습니다.

멀쩡하던 친구가 어느 날부터 유대인들의 회당에 출입하기 시작합니다. 그런데 어느 날 할례라는 것을 받더니 신체의 일부를 훼손하고 공중목욕탕에 나타납니다. 그러면 그 사람은 동족들에게 따돌림을 당하게 되고, 그것은 경제생활을 비롯한 모든 사회생활에 심각한 장애를 초래했습니다.

당시 유대인들의 역사책에 보면 드루실라라는 여인의 이야기가 나옵니다. 이 여인은 이방지역에서 살아가는 유대인 여자였는데 젊은 나이에 과부가 되었습니다. 돈이 많고 무척 아름다웠기 때문에 남자들로부터 많은 청혼을 받았습니다. 하지만 경건한 유대인이었던 이 여인은 자신과 결혼을 하기 위해서는 반드시 할례를 받아야 한다는 조건을 내걸었습니다. 그러자 모든 남자들이 고개를 내저으며 돌아갔다고 합니다. 할례는 그만큼 어려운 일이었습니다.

회당의 내부구조

유대교 회당의 내부는 대개 직사각형 형태입니다. 가운데는 정식 좌석들이 있고 그 주변에는 안쪽을 바라보는 형태의 보조 좌석들이 있었습니다. 원래의 혈통적 유대인들과 할례를 받은 개종자들은 가운데의 정식 좌석에서 예배를 드렸습니다. 그리고 하나님을 믿기는 하지만 아직 할례를 받지는 못한 이방인들은 회당 내부의 가장자리에 있는 보조 좌석에 빙 둘러가며 앉아서 예배를 드렸습니다.

'하나님을 경외하는 자들'의 고충

그런데 랍비들은 회당에서 예배를 드릴 때 툭하면 이 '하나님을 경외하는 자들'을 위협하곤 했습니다. "아직 할례를 받지 않으신 분들에게 엄숙히 경고합니다. 어서 빨리 할례를 받으시기 바랍니다. 하나님께서는 창세기에서 '할례를 받지 아니한 남자 곧 그 포피를 베지 아니한 자는 백성 중에서 끊어지리니 그가 내 언약을 배반하였음이니라'(창 17:14)라고 말씀하셨습니다. 지금 상태 그대로 있다가는 큰일 납니다. 어서 할례를 받으시기 바랍니다."

그러면 가장자리에 앉아 회당 예배를 참관하던 '하나님을 경외하는 사람들'은 어쩔 줄을 몰라서 몹시 당황스러워 했을 것입니다. 할례는 너무나 위험하고 고통스러운 일입니다. 하지만 랍비의 말은 틀린 것이 하나도 없습니다. 성경에는 정말 그렇게 적혀 있기 때문입니다. 그렇기 때문에 랍비들이 그런 말을 할 때마다 그들은 이러지도 못하고 저러지도 못하는 상황에서 크게 마음의 번민을 느꼈을 것입니다.

회당 예배의 순서

자, 여기서 당시 유대인들의 회당 예배 형식을 잠시 살펴보겠습니다. 회당장이 예배 진행을 맡았는데 회당장이라는 사람은 오늘날의 담임목사와 관리집사님을 겸한 일을 했습니다.

〈성경 낭독〉 일단 예배가 시작되면 성경을 낭독합니다. 당시에는 문자를 읽을 수 있는 사람이 많지 않았습니다. 그리고 성경도 아주 비쌌기 때문에 집에 성경을 가지고 있는 사람은 거의 없었습니다. 그렇기 때문에 당시 사람들에게 성경 말씀이란 집에서 읽는 것이 아니라 회당이나 교회에 와서 예배시간에 귀로 듣는 것이었습니다.

요한계시록 1:3에 보면 "이 예언의 말씀을 읽는 자와 듣는 자들과 그 가운데에 기록한 것을 지키는 자는 복이 있나니 때가 가까움이라"(개역한글판)라는 말씀이 있습니다. 지금의 관점에서 이 말씀을 보면 하나님의 말씀을 열심히 읽기도 하고 또 설교를 잘 들으라는 말씀처럼 보이지만 사실은 그런 게 아닙니다. 성경을 낭독하는 시간이 되면 글자를 읽을 수 있는 사람이 전체 회중 앞에 서서 성경을 낭독합니다. 그러면 나머지 사람들은 그것을 듣는 것입니다.

그렇기 때문에 요한계시록 1:3에서 '읽는 자'는 회중 앞에서 성경을 낭독하는 한 사람을 뜻하고 '듣는 자들'은 그것을 듣는 회중들을 뜻합니다. 동일한 자들을 반복해서 지칭한 것이 아니라 두 부류의 다른 사람들을 지칭하는 말입니다. 그런데 개역개정판에서는 이들을 모두 단수형으로, 즉 '읽는 자'와 '듣는 자'로 번역했습니다. 헬라어 원어에서 분명히 후자는 복수형으로 되어 있는데 말입니다. 성경 중 몇 부분은 과거의 개역한글판이 오히려 더 나은 경우가 있는데 이것도 그 예들 중 하나입니다.

〈성구집〉 설명이 좀 옆길로 가긴 하는데 이왕 설명하는 김에 성경 낭독에 대해 조금 더 설명하도록 하겠습니다. 예배 참석자들 중에 절대다수가 문맹이었기 때문에 회당 예배에서는 성경을 낭독하는 시간이 따로 있었습니다. 그런데 성경을 낭독할 때 무조건 창세기부터 일정한 양만큼 매주 읽어 나가면 문제가 생깁니다. 즉 유대인들의 절기와 그날 낭독할 본문이 조화를 이루지 못하는 것입니다. 이를테면 대속죄일이 되어 다들 죄악을 회개하려고 하는데 그날 읽을 본문이 솔로몬과 술람미 여인 사이의 사랑을 그린 아가서라고 상상해 보십시오. 얼마나 당황스럽겠습니까? 또 부림절이나 수전절이 되어 사람들끼리 기쁨을 나누려고 함께 모였는데 낭독되는 말씀이 예레미야 애가의 말씀이라면 얼마나 황당하겠습니까?

  또 창세기부터 시작해서 성경을 한 부분만 읽으면 어떤 기간 동안에는 계속 모세오경만 읽어야 하고 어떤 기간 동안에는 계속 시가서만 읽어야 하는 일이 생길 것입니다. 하지만 성경은 골고루 읽어야 합니다. 그렇기 때문에 유대인들은 매주 정해 놓은 본문을 순서대로 읽기만 하면 자동적으로 그들의 종교적 절기와 잘 조화를 이루고, 또 모세오경과 시가서 선지서를 모두 골고루 읽을 수 있도록 구약성경을 재편집했습니다. 그래서 이를테면 어떤 안식일에는 모세오경 중에서는 레위기의 일부를 읽고, 선지서 중에서는 예레미야서의 일부를 읽고, 또 시가서 중에서는 시편 중 일부를 낭독하도록 했습니다.

이렇게 매주의 낭독을 위해 재편집된 성경을 영어로 렉셔너리(lectionary)라고 부릅니다. 그런데 구약성경을 한 번 다 읽는 기간이 팔레스타인과 바벨론 지역이 서로 달랐습니다. 바벨론지역에서는 3년마다 한 번씩 성경을 다 읽은 반면, 팔레스타인 지역에서는 그 기간이 5년이었습니다. 바벨론의 유대인들이 매주 더 많은 양의 성경을 읽은 것입니다.

⟨설교⟩ 성경을 낭독하고 나면 설교가 이어집니다. 그런데 유대인들에게는 한 가지 관습이 있었습니다. 즉 여행중인 랍비가 회당예배에 참석하면 그에게 설교를 권하는 관습이었습니다. 예배가 시작되기 전에 랍비를 만나게 되었다면 미리 그에게 설교를 부탁해 놓습니다. 하지만 이미 예배가 시작된 후에 랍비를 발견했다면 예배를 집례하던 회당장이 그에게 사람을 보내어 설교를 해 줄 의사가 있는지를 타진했습니다.

이런 관습을 가장 잘 활용하신 분이 바로 예수님이십니다. 예수님은 어느 회당의 전속 랍비이셨던 적이 없습니다. 하지만 성경은 예수님께서 여러 회당에서 말씀을 가르치셨다고 말씀합니다. "… 예수께서 곧 안식일에 회당에 들어가 가르치시매"(막 1:21). "예수께서 대답하시되 내가 드러내 놓고 세상에 말하였노라 모든 유대인들이 모이는 회당과 성전에서 항상 가르쳤고 은밀하게는 아무 것도 말하지 아니하였거늘"(요 18:20).

이것이 가능했던 이유는 회당 예배에 참석하셨다가 관습에 따라 회당장이 설교를 권했을 때 그 기회를 활용하셨기 때문입니다.

또 이 관습을 복음전파를 위해 잘 사용한 사람이 바로 사도 바울입니다. 사도행전 13:14-16에 이런 내용이 있습니다. "[14] 그들은 버가에서 더 나아가 비시디아 안디옥에 이르러 안식일에 회당에 들어가 앉으니라 [15] 율법과 선지자의 글을 읽은 후에 회당장들이 사람을 보내어 물어 이르되 형제들아 만일 백성을 권할 말이 있거든 말하라 하니 [16] 바울이 일어나 손짓하며 말하되 이스라엘 사람들과 및 하나님을 경외하는 사람들아 들으라."

이 부분을 풀어서 설명하면 다음과 같습니다. 바울 일행이 비시디아 안디옥에서 회당 예배에 참석합니다. 회당장은 우선 율법과 선지자의 글을 읽습니다. 낭독한 부분을 '율법과 선지자'라고 한 것은 위에서 설명한 대로 렉셔너리(lectionary)를 읽은 것을 뜻합니다. 그 주에 할당된 율법서 즉 모세오경의 일부와 선지서의 일부를 읽었다는 것입니다. 아마 시가서 중 일부도 읽었을 것입니다. 그리고 나서 회당장이 회중석을 살펴보니 랍비임이 분명한 사람이 앉아 있습니다. 평생 하나님의 말씀을 연구했던 랍비와 매일 거친 노동일을 하며 살았던 대부분의 사람들은 쉽게 구분이 되었을 것입니다. 아니면 랍비들의 복장이 달랐을 것입니다. 하여튼 랍비의 외모를 갖춘 바울을 발견한 회당장은 사람을 보내어 바울에게 설교를 할 뜻이 있는지를 알아봅니다. 바울은 당연히 그 기회를 잘 활용합니다. 그리고 일어서서 예수님의 복음을 전하기 시작합니다.

그런데 바울이 설교를 시작할 때 처음 사용하는 용어에 주목할 필요가 있습니다. '이스라엘 사람들과 및 하나님을 경외하는 사람들아'라는 것입니다. 얼핏 보면 동어반복처럼 보이지만 사실은 전혀 다른 두 종류의 사람들을 지칭하고 있습니다. '이스라엘 사람들'이란 태생적 유대인들과 개종자들 즉 할례를 받은 이방인들을 말합니다. 그들은 회당 가운데의 정식 좌석에 앉아 있습니다. 그리고 '하나님을 경외하는 사람들'은 주변부의 보조 좌석에 앉아서 예배를 드리던, 아직 할례를 받지 못한 이방인들을 말합니다. 그들을 이렇게 분류하여 부르는 것이 사도행전 13:26에도 한 번 더 나타납니다. 바울은 설교 도중에 "형제들아 아브라함의 후손과 너희 중 하나님을 경외하는 사람들아"라고 외치는데 여기서 아브라함의 후손이란 태생적 유대인들과 개종자들을 뜻하고 하나님을 경외하는 사람들은 아직 할례를 받지 않은 이방인들을 말합니다.

바울의 회당 설교

바울은 아마도 설교를 시작하기 전에 간단히 자신을 소개해야 했을 것입니다. 회당장이 아무에게나 설교를 맡겼을 리는 없기 때문입니다. 당시 랍비들에게는 자신이 누구의 제자인가 하는 것이 신분을 보증해 주는 보증서의 역할을 했습니다. 바울은 당연히 자신을 '가말리엘의 제자'라고 소개했을 것입니다. 자신을 '가말리엘의 제자'라고 했을 때 회중들 사이에서는 커다란 웅성거림이 있었을 것입니다. 왜냐하면 가말리엘은 당시 예루살렘에서 최고의 랍비들 중 하나였기 때문입니다.

훗날 주후 70년에 예루살렘 성전이 무너졌을 때, 요하난 벤 자카이라는 랍비가 예루살렘에 있었습니다. 그는 기지를 발휘하여 성을 탈출해서 율법 중심의 새로운 유대교를 창설하고 그 수장이 됩니다. 그리고 그의 뒤를 이어 가말리엘 2세라는 사람이 새로운 유대교를 책임지게 되는데 그가 바로 사도 바울의 스승이었던 가말리엘 1세의 손자입니다. 그래서 어떤 사람들은 만약 사도 바울이 개종을 하지 않았더라면 그가 유대교의 수장이 될 수도 있었을 것이라고 말합니다. 그 정도로 가말리엘은 유대인들 사이에서 명성이 높은 랍비였습니다.

그 가말리엘의 제자가 오늘 설교를 한다고 하면 회중들은 숨을 죽였을 것입니다. 가운데 정식 좌석에 앉아 있던 '아브라함의 자손들'은 은혜롭고 유익한 설교를 듣기 위해 바울에게서 눈을 떼지 못했을 것입니다. 반면 가장자리의 보조 좌석에 앉아 있던 '하나님을 경외하는 사람들'은 바울이 혹시 자신들에게 할례를 강요하며 자신들을 또 괴롭히지나 않을까 걱정하며 눈을 질끈 감았을 지도 모릅니다.

그런데 그렇게 해서 시작된 사도 바울의 메시지가 어떤 것이었습니까? 하나님께서 선지자들을 통해 약속하셨던 메시야가 드디어 세상에 오셨는데, 그분이 바로 예수님이시고 이제는 그분을 믿기만 하면 이방인들이 할례를 받지 않아도 하나님의 자녀가 될 수 있다는 것이었습니다. '할례를 받지 않아도 된다'라는 말을 들었을 때, 하나님을 경외하는 사람들은 자신들의 귀를 의심했을 것입니다. 평소에 자신들의 랍비는 그런 이야기를 한 적이 없습니다. 그런데 자신들의 랍비와는 비교가 될 수 없을 정도로 최고의 학식과 명성을 갖춘 랍비가 그들에게 하는 말이 이제는 그 무서운 할례를 받지 않아도 하나님의 자녀가 될 수 있는 길이 열렸다는 것입니다.

'하나님을 경외하는 자들'은 예배가 끝난 후 사도 바울을 에워쌌을 것입니다. 그리고 그에게 질문공세를 퍼부었을 것입니다. "할례를 받지 않아도 된다고요? 그러면 할례를 받지 아니한 자는 백성 중에서 끊어질 것이라는 창세기의 말씀은 어떻게 되는 겁니까?" "랍비님의 주장이 사실이라면 왜 우리 회당의 랍비님은 지금까지 그런 말씀을 한 번도 하지 않으신 것입니까?" 등등의 질문이었을 것입니다.

그러면 바울은 자신의 지식과 지혜를 총동원하여 그들에게 대답을 했을 것입니다. 그러면 그들 중에서 근처에 큰 집을 가진 사람이 자신의 집으로 자리를 옮길 것을 제안했을 것입니다. 그러면 바울은 그곳에서 복음을 전합니다. 그러면 그들이 예수님을 영접하는 기도를 드리고, 가슴을 치며 회개의 기도를 드리는 도중에 방언 등의 성령의 역사가 나타났을 것입니다. 그러면 다음 날에도 계속 모임을 갖기로 하고 그 도시의 '하나님을 경외하는 자들'은 연락을 통해 모두 그 집으로 모여들었을 것입니다. 그러면 사도 바울은 예수님의 복음을 힘 있게 그들에게 전했을 것이고, 성령의 역사는 더욱 강하게 나타났을 것입니다.

이것이 바로 새 교회가 이루어지는 과정입니다. 그렇게 해서 하나의 교회가 잘 견고하게 세워지고 나면 사도 바울은 그들 중에서 지도자로 적합한 자에게 안수를 하여 장로님으로 세우고 그에게 그 교회를 맡깁니다. 그리고 바울 자신은 이제 또 다른 곳에도 교회를 세우기 위해 그곳을 떠나갔을 것입니다.

이방인 전도의 황금어장이었던 회당

유대인들의 회당이 있는 곳이면 어디든지 '하나님을 경외하는 사람들' 즉 하나님을 믿기는 하지만 아직 할례를 받지 못한 이방인들이 있었습니다. 이들은 위의 설명이 보여주듯이 이방인 전도의 황금어장이었습니다. 우리는 사도 바울이 이방인의 사도였다는 것을 압니다. 왜냐하면 스스로가 그렇게 말씀하고 있기 때문입니다. "베드로에게 역사하사 그를 할례자의 사도로 삼으신 이가 또한 내게 역사하사 나를 이방인의 사도로 삼으셨느니라"(갈 2:8).

그런데 사도 바울은 어디를 가건 일단 회당을 찾아갑니다. "살라미에 이르러 하나님의 말씀을 유대인의 여러 회당에서 전할새"(행 13:5). "이에 이고니온에서 두 사도가 함께 유대인의 회당에 들어가 말하니"(행 14:1). "그들이 암비볼리와 아볼로니아로 다녀가 데살로니가에 이르니 거기 유대인의 회당이 있는지라"(행 17:1). "바울과 실라를 베뢰아로 보내니 그들이 이르러 유대인의 회당에 들어가니라"(행 17:10). 우리는 바울이 유대인의 회당을 우선적으로 찾은 이유가 비록 그가 이방인의 사도이기는 했지만 자신의 동족들을 극진히 사랑했기 때문에, 우선 동족들에게 먼저 복음을 전하기 위해 그렇게 한 것이라고 생각합니다. 예, 그것도 맞는 말이긴 합니다. 하지만 위에서 보았듯이 회당은 이방인 선교를 위한 황금어장이었습니다. 그렇기 때문에 이방인의 사도인 바울이 회당을 찾았던 것입니다.

만약 바울이 회당에서 이방인들을 전도하는 대신 시장에서 전도를 했다고 상상해 봅시다. 사람들이 많은 시장에서 바울이 지나가던 한 이방인을 붙들고 묻습니다. "저, 실례합니다. 혹시 예수님에 대해 들어보신 적이 있으십니까?" 그러면 이방인은 이렇게 말했을 것입니다. "예수? 그게 누구요?" "아, 아직 모르시는군요? 예수님은 메시야이십니다." "메시야? 그게 뭐요?" "메시야는 구약성경에서 예언하고 있는 구세주이십니다." "구약? 그게 뭐요?" "구약은 모세와 선지자들이 쓴 책입니다." "모세? 그건 또 누구요?" 아마 이런 식으로 대화는 끝없이 이어져야 했을 것입니다. 그리고 그렇게 대화를 했다 해도, 바울의 말을 다 들은 이방인이 마지막에 "나는 못 믿겠소. 다른 사람에게나 이야기해 보시오"라고 한다면 바울의 수고는 물거품이 되었을 것입니다. 이것은 시간과 노력에 비해 효율성이 너무나 떨어지는 일입니다.

하지만 회당에는 '하나님을 경외하는 자들'이 있었습니다. 그들은 '예수님이 메시야이시다'라는 사실만 모를 뿐 성경에 대해서는 이미 모든 지식을 갖추고 있는 자들입니다. 그래서 바울은 그들을 찾아간 것입니다.

유대인들의 분노의 원인

그런데 회당 예배에 참석하던 이 '하나님을 경외하는 자들'은 주변의 이방인 사회와 유대인들을 연결시켜 주는 고리와 같은 역할을 하는 자들이었습니다. 오늘날 외국의 한인교회에도 현지의 외국인들이 몇 명씩 출석하는 경우가 있는데 그들은 한국인 공동체와 그곳 사회를 연결시켜 주는 중요한 역할을 합니다.

그런데 사도 바울이 회당에서 전도를 하고 난 다음에는 그 이방인들이 대부분 다시는 회당에 나오지 않는 겁니다. 왜 안 나오는지를 알아보면 그들끼리 예배를 드리기 시작했다는 겁니다. 즉 교회가 조직된 겁니다. 그 소식을 들은 유대인들은 바울에 대해 극심한 분노를 느꼈을 것입니다. 그것이 바로 성경에서 유대인들이 그토록 심하게 바울을 미워하고 그를 죽이려 한 이유입니다. 만약 바울이 위에 설명한 대로 시장에서 한 사람씩 만나 전도를 했다면 "당신 고생이 참 많다. 열심히 해봐라"라고 하며 별로 신경도 쓰지 않았을 것입니다.

성전의 여러 뜰들

'하나님을 경외하는 자들'과 관련하여 설명하고 싶은 것이 또 한 가지 있습니다. 그것은 예수님께서 성전을 청결케 하신 사건과 '하나님을 경외하는 자들' 사이의 관계입니다. 성전을 청결하게 하신 사건은 네 개의 복음서 모두에 기록되어 있습니다(마 21:12-13; 막 11:15-18; 눅 19:45-48; 요 2:13-22). 그런데 성전의 뜰은 크게 세 부분으로 나누어져 있었습니다. 그것은 유대인 남자들의 뜰과 유대인 여인들의 뜰, 그리고 이방인의 뜰입니다.

〈유대인 남자들의 뜰〉 성전 건물과 가장 가까운 안쪽 부분은 유대인 남자들의 뜰이었습니다. 이방인 중에서도 하나님을 믿어 할례를 받은 자들 즉 이방인 개종자들은 혈통적인 유대인 남자들처럼 이곳까지 들어와서 예배에 참여할 수 있었습니다. 물론 그들이 이곳에 들어가려면 랍비가 발행한 정식 할례 증서를 보여주어야 했습니다. 혹시 다른 사람들이 이곳에 들어올 경우, 그들은 죽음의 형벌을 피할 수 없었습니다. 그것은 심지어 로마인이라 할지라도 예외가 없었습니다. 몇 년 전에 성전을 발굴하다가 남자들의 뜰 입구에 붙여 놓았던 금속으로 만든 경고장이 발견되었습니다. 그곳에는 할례를 받지 않은 자가 유대인 남자들의 뜰에 들어올 경우, 로마인이라 할지라도 죽음을 면치 못할 것이라고 적혀 있었습니다.

〈유대인 여인들의 뜰〉 그 다음 공간은 유대인 여인들의 뜰이었습니다. 그곳에 열세 개의 헌금함이 놓여 있었습니다. 헌금함의 입구는 나팔처럼 되어 있어서 동전을 쉽게 헌금함에 넣을 수 있었습니다. 헌금함이 왜 이곳에 놓여 있었는지에 대해 두 가지 해석이 있습니다. 정통적인 해석은 성전과 가까운 유대인 남자들의 뜰은 돈(동전)이 쨍그렁거리는 소리가 들리기에는 너무 거룩한 곳이었기 때문에 그보다는 약간 떨어진 여인들의 뜰에 헌금함들이 설치되었다는 것입니다. 하지만 약간 유머가 섞인 다른 해석은 그때나 지금이나 실제적인 경제권은 남편이 아니라 아내들이 가지고 있었기 때문에 여인들의 뜰에 헌금함이 설치되어 있었다는 것입니다.

〈이방인의 뜰〉 그리고 성전의 뜰들 중 가장 주변부에 있던 곳이 이방인의 뜰이었습니다. 이곳은 이방인들 중에서 하나님을 믿기는 하지만 아직 할례는 받지 못한 자들, 즉 우리가 위에서 살펴본 '하나님을 경외하는 사람들'을 위한 공간이었습니다. 그런데 유대인들은 자신들과 자신들의 가족들이 예배를 드릴 장소는 깨끗하게 유지했지만, 이방인의 뜰은 장사하는 곳을 만들어 버렸습니다. 비싼 권리금을 받고 상인들에게 자리를 나누어 준 것입니다. 그 결과 하나님을 믿는 이방인들은 먼 곳에서 예루살렘까지 고생을 하며 찾아왔지만 하나님께 예배를 드릴 수 있는 공간을 얻지 못했습니다. 그들은 돈 바꾸는 자들과 짐승들 사이에서 이리저리 쫓겨 다니며 예배를 드려야 했습니다.

예수님께서는 이 광경을 보시고 크게 분노하셨습니다. 그래서 예수님께서는 "내 집은 만민의 기도하는 집이라 칭함을 받으리라고 하지 아니하였느냐 너희는 강도의 굴혈을 만들었도다"(막 11:17)라고 말씀하셨습니다. 여기서 "만민의 기도하는 집"이라는 표현을 쓰신 이유는 지금 유대인들이 장사를 하고 있는 그 장소가 원래 이방인들을 위한 공간이었기 때문입니다.

요약

유대인의 회당에 출입하는 이방인들 중에는, 하나님을 믿기는 하지만 아직 할례를 받지 않은 '하나님을 경외하는 자들'이 있었고 그들은 전도를 위한 황금어장이었습니다. 이들을 통해 초기의 기독교는 폭발적으로 성장할 수 있었습니다.

알렉산더 대왕을 통한 언어의 통일

갈라디아서 4:4은 "때가 차매 하나님이 그 아들을 보내사 여자에게서 나게 하시고"라고 말씀합니다. 하나님께서 효과적인 복음전파를 위해 미리 예비해 놓으신 일들 중 두 번째로 꼽을 수 있는 것은 알렉산더 대왕을 통한 언어의 통일입니다. 어떤 사람들은 알렉산더 대왕을 그리스 사람으로 알고 있지만 그는 마케도니아 사람입니다. 마케도니아는 험준한 산악지형이 많은 곳이어서 오랫동안 통일된 나라를 이루지 못하고 있었습니다. 여러 도시들로 이루어져 있던 마케도니아를 통일하여 하나의 강력한 나라로 만든 왕이 바로 알렉산더 대왕의 아버지인 필립포스 2세입니다.

하지만 그는 암살을 당해 죽고 그의 아들인 알렉산더 대왕(BC 356-323)이 즉위합니다. 그의 정식 명칭은 알렉산드로스

2세입니다. 그는 주전 356년에 태어나 겨우 33년의 일생을 보낸 후 주전 323년에 죽었습니다. 그가 왕위에 오른 것은 주전 336년 즉 만 20살 때입니다. 그때부터 정복전쟁을 시작해서 주전 330년 즉 그가 26살 때 예루살렘을 정복했습니다.

그는 마케도니아 사람이었지만 헬라문명에 대해서 무척 친밀감을 가지고 있었습니다. 그 이유는 그를 가르친 스승이 바로 그리스의 철학자 아리스토텔레스(BC 384 ~ BC 322)였기 때문입니다. 그는 스승을 통하여 그리스 문화와 문명을 받아들였고, 그렇기 때문에 그 문명의 가치를 높이 평가하고 있었습니다. 알렉산더가 정복한 모든 곳에서는 헬라어가 공용어가 되었습니다. 이것은 복음 전파에 엄청난 유익을 가져다 주었습니다. 언어의 통일이 얼마나 중요한 일이었는가 하는 것은 초기 기독교가 번성했던 지역과 헬라어가 공용어였던 지역이 거의 정확히 겹친다는 사실이 잘 말해 주고 있습니다.

만약 알렉산더를 통한 언어의 통일이 이루어지지 않았다면 초대교회의 선교사들은 전도에 심한 어려움을 겪었을 것입니다. 어떤 지역을 복음화하기 위해서는 우선 오랜 기간에 걸쳐서 해당 지역의 언어를 배워야 했을 것입니다. 그런 다음에 그 언어로 전도를 하고, 문자가 없는 경우에는 문자를 만들어주고, 그 문자로 성경을 번역해 주는 작업을 가는 곳마다 반복해야 했을 것입니다. 그것은 선교사의 인생 전체를 쏟아 부어야 하는 일이었을 것입니다. 하지만 하나님께서 미리 알렉산더를 통해 언어를 통일시켜 주셨기 때문에 사람들은 그런 수고를 하지 않아도 되었습니다.

헬라어의 종류

헬라어의 종류를 간단하게 설명하고 지나갈까 합니다. 각 시대의 헬라어는 그것을 사용하는 사회계층에 따라 상류층들이 사용했던 고급 헬라어와 일반인들이 사용했던 보통 헬라어로 나눌 수 있습니다.

〈애틱 헬라어〉 소크라테스, 플라톤, 아리스토텔레스 등이 활약했던 주전 4, 5세기의 고급 헬라어를 흔히 애틱 헬라어(Attic Greek)라고 부릅니다. 그 당시에도 일반 서민들은 나름대로의 쉬운 헬라어를 사용했겠지만 그들의 헬라어는 기록으로 남겨져 있지 않기 때문에 특별한 이름을 가지고 있지 않습니다. 그 이유는 고대로 갈수록 기록용구의 값이 비쌌기 때문에 중하층민들은 그들의 언어를 기록으로 남기기 힘들었기 때문입니다.

〈헬레니스틱 그릭〉 그리고 예수님 당시의 고급 헬라어를 헬레니스틱 그릭(Hellenistic Greek)이라고 부릅니다. 우리말로 굳이 번역을 하자면 '헬라적 헬라어' 정도가 되었지만 동어반복처럼 들리기 때문에 보통 그냥 '헬레니스틱 그릭'이라고 번역합니다. 주후 1세기의 유대 역사가 요세푸스(Josephus, AD 37? – 100?)가 쓴 책들이나 이집트 알렉산드리아에서 활약했던 유대 사상가 필로(Philo, BC 20년대 – AD 30년대)의 글 등이 헬레니스틱 그릭으로 기록되어 있습니다.

〈코이네 그릭〉 예수님 당시의 일반 헬라어를 코이네 그릭(Koine Greek)이라고 부릅니다. 성경은 하나님의 말씀이므로 매우 고상하고 품위 있는 애틱 헬라어나 헬레니스틱 그릭으로 적혔을 것 같지만 실제로는 코이네 그릭으로 적혔습니다. 하나님께서 모든 사람들이 성경의 내용을 이해할 수 있도록 하기 위해 쉬운 헬라어로 성경이 기록되게 하신 것입니다. 초대교회의 구성원들 중 다수는 중하류층이었습니다. "형제들아 너희를 부르심을 보라 육체를 따라 지혜로운 자가 많지 아니하며 능한 자가 많지 아니하며 문벌 좋은 자가 많지 아니하도다"(고전 1:26). 만약 성경이 고급 헬라어로 기록되었다면 그들은 성경이 낭독될 때 그 의미를 이해하기 힘들었을 것입니다.

히브리어 성경이 헬라어로 번역됨

예수님이 오시기 전에 하나님께서 예비해 놓으신 일들 중에는 히브리어 성경의 헬라어 번역이 포함됩니다.

〈히브리어 성경의 언어와 문자〉 우선 히브리어 성경부터 설명합니다. 지금 서점에서 구입할 수 있는 히브리어 성경의 문자는 사실 구약 시대의 인물들이 사용하던 고대 히브리어 문자가 아닙니다. 바벨론 포로기 이전에 기록된 성경들은 고대 히브리어 문자로 기록되었습니다. 하지만 바벨론 포로기 이후에는 유대인들이 자신들의 문자를 사용할 수 없었기 때문에 히브리어 성경을 당시의 아람어 문자를 사용해서 기록했습니다. 히브리어 성경을 아람어로 번역했다는 것이 아니라 문자만 아람어를 빌어서 기록했다는 것입니다.

마치 일본어를 적을 때 히라가나를 사용할 수도 있지만 그냥 한글을 사용하여 '와타시와 센세이데스'라고 써도 되는 것과 마찬가지입니다. '와타시와 센세이데스'는 일본어입니다. 하지만 한글을 사용하여 적었습니다. 마찬가지로 구약성경의 언어와 발음은 히브리어이지만 문자는 아람어 문자를 사용해 적었다는 것입니다. 우리가 지금 서점에서 구입할 수 있는 히브리어 성경은 아람어 문자로 된 성경입니다. (지금 이란 등에서 사용되는 현대 아랍어와 고대 아람어는 문자가 전혀 다릅니다.)

〈히브리어 성경의 헬라어 번역〉 자, 이제 본격적으로 구약성경의 헬라어 번역 이야기를 해보도록 하겠습니다. 알렉산더 대왕이 죽은 후 나라는 넷으로 나누어집니다. 휘하에 있던 네 명의 장군들이 영토를 넷으로 나누어 다스리게 된 것입니다. 이들이 서로 자웅을 겨루다가 주전 275년경에는 안티고노스, 셀류키드, 그리고 톨레미 가문의 세 왕조가 확립되었습니다. 안티고노스 왕조는 마케도니아와 그리스 지역을 통치했고, 셀류키드(혹은 셀류커스) 왕조는 시리아 지역을, 그리고 톨레미(Ptolemy) 왕조는 이집트 지역을 통치했습니다. 각 왕조의 이름은 알렉산더 대왕과 함께 싸웠던 장군들의 이름입니다. 유대인들의 고향인 팔레스타인 지역은 톨레미 왕조의 지배를 받았습니다.

톨레미 왕조는 알렉산더가 죽은 해인 주전 323년부터 주전 198년경까지 유대인들을 지배했습니다. 그 시기에 유대인들의 성경이 헬라어로 번역이 됩니다. 이집트의 알렉산드리아에는 큰 도서관이 있었습니다. 유대인들의 고대서적인 『아리스테아스의 편지』에 따르자면 데메트리우스라는 사람이 그 도서관을 맡고 있었을 때 히브리어 성경의 번역작업이 이루어졌다고 합니다. 즉 그가 히브리어 성경을 국가 예산으로 번역할 것을 톨레미(톨레미 왕국의 모든 왕들은 톨레미라고 불렸습니다.)에게 요청했고 결국 그의 승낙을 얻어 번역작업이 이루어진 것입니다.

그런데 마침 필자가 전에 쓴 『헬레니스틱 그릭 독해연구』(*Readings in Hellenistic Greek*)라는 책 중에서 『아리스테아스의 편지』를 번역한 것이 있습니다. 해당 부분을 인용해 오도록 하겠습니다. 문체가 좀 어색한 것은 원래 헬라어 교재용으로 쓴 책이라 가능하면 헬라어 본문에 충실하게 문자적인 번역을 했기 때문입니다. (그러나 이곳에 옮겨 적으면서 독자들을 위해 약간의 의역을 가미했습니다. 이 부분을 연구하고 싶다면, 김병국, 『헬레니스틱 그릭 독해연구』[*Readings in Hellenistic Greek*, 서울: 도서출판 바울, 2003]를 참조하기 바랍니다.)

『아리스테아스의 편지』는 가경입니다. 즉 그 내용의 진정성을 보장할 수 없는 책입니다. 그럼에도 불구하고 이 책에서 그 내용을 자세히 다루는 이유는 70인경의 통일적인 모습을 설명해 줄 수 있는 다른 대안이 없기 때문입니다. 번역이 여러 곳에서 임의적으로 이루어진 경우 다양한 번역본들이 존재하게 됩니다. 그런데 70인경의 사본들은 최소한 모세오경 본문에 대해서는 상당히 일치된 모습을 보여주고 있습니다. 이것은 매우 강력한 권위에 의해 일관적으로 번역작업이 진행되었음을 시사하는 것입니다. 그런데 70인경의 형성에 대해 우리에게 알려진 이야기는 『아리스테아스의 편지』에 실린 이 이야기밖에 없습니다.

유대인들 자신도 이 이야기를 오랜 세월 동안 정설로 취급하며 소중히 간직해 왔었습니다. 그들이 이에 대해 비판을 가하게 된 것은 70인경이 기독교인들의 성경이 된 다음부터입니다. 그들은 기독교인들이 70인경을 사용하여 예수님의 메시야이심을 변호하자 70인경을 거부하게 되었습니다. 그리고 주후 2세기 말에 바벨론 사본에 근거한 나름대로의 헬라어 성경을 만들어냈습니다. 그렇기 때문에 『아리스테아스의 편지』의 내용에 대한 비판은 유대인들에 의해 과장된 측면이 있습니다. 참고로 유대인들이 70인경을 대체하기 위해 나중에 만든 번역본은 세 종류나 됩니다(아퀼라 역, 테오도션 역, 심마쿠스 역).

〈아리스테아스의 편지, §9-11, 29-32〉

[알렉산드리아 도서관]

데메트리우스(Demetrius of Phalerum)가 왕의 도서관에 앉혀진 후, 가능하면 세상의 모든 책들을 모을 수 있도록 그에게 많은 예산이 할당되었다. 그래서 그는 할 수 있는 한 많은 서적을 구입하고 필사를 행함을 통해 왕의 결정을 실행했다. 우리가 있을 때, "책들의 수는 얼마나 되는가?"라는 질문을 받자, 그가 말했다. "왕이시여, 20(* 단위는 원문에 안 나옴, 아마도 20만 권)이상입니다. 하지만 나는 짧은 기간 안에 50이 실현되도록 최선을 다할 것입니다. 그런데 유대인들의 율법서들도 필사하여 폐하의 도서관에 두는 것이 적합하다는 정보가 내게 알려졌습니다."

왕이 말했다. "그러면 네가 이것을 행하는 데 무엇이 방해물인가? 필요한 것들은 모두 너에게 주어져 있지 않은가?" 데메트리오스가 말했다. "번역이 필요합니다. 마치 이집트인들이 자신들 나름의 알파벳을 사용하듯이, 유대인들은 나름대로의 문자를 사용하기 때문입니다. 그들은 자신들의 고유한 언어도 가지고 있습니다. 사람들은 그들이 시리아어를 사용할 것이라고 생각합니다. 그러나 그것은 시리아어가 아니라 전혀 다른 언어입니다." 왕이 이런 사정을 알게 되었을 때, 그는 앞서 언급된 것들이 시행되도록 하기 위해 유대인들의 대제사장에게 편지를 보낼 것이라고 말했다.

[데메트리우스의 비망록] Memorandum of Demetrius

위대하신 왕께, 데메트리우스 올림:

왕이시여, 도서관을 가득 채우라는 왕의 명령이 있은 후, 즉 책들이 수집되어야 하고, 불완전한 것들은 복구되어야 한다는 명령이 있은 후, 이것들에 대한 왕의 관심은 철저하게 실천에 옮겨지고 있습니다. 저는 왕께 다음과 같은 보충설명을 드립니다.

유대인들의 율법서들이, 다른 약간의 책들과 마찬가지로, 우리 도서관에 아직 비치되지 못한 상태입니다. 왜냐하면 그것들은 히브리어 알파벳들로 기록되어 있으며, 히브리 언어로 말해지고 있기 때문입니다. 그리고 그것들(* 당시의 다양한 사본들을 말함)은, 전문가들에 의해 보고되고 있듯이, 원문에 충실하지 않게, 보다 더 부주의하게 의미가 전달되었습니다. 왜냐하면 그것들은 왕의 관심을 통해 만들어지지 않았기 때문입니다. 이것들도 역시 완전하게 되어서 당신 곁에 있을 필요가 있습니다. 왜냐하면 이 율법은 더욱 철학적이고 순수하기 때문입니다. 그 이유는 그것은 신성하기 때문입니다. 헤카타이오스가 말하듯이, 그것들 속에 있는 견해들은 상당히 거룩하고 가치가 있습니다.

그러므로 왕이시여, 만약 그것이 좋게 보인다면, 예루살렘의 대제사장에게, 특별히 훌륭하게 살아온 장로들을 이곳으로 보내도록 편지를 써 주십시오. 그들은 그들 자신의 율법을 따르는 것에 경험이 있는 자들로서, 각 지파에서 여섯 명씩입니다. 그들은 많은 사본들 중에서 일치하는 것을 세밀히 조사한 후, 정확한 번역을 할 것입니다. 그리고 그 책들은 도서관에 비치될 것입니다. 항상 평안하십시오.

〈아리스테아스의 편지, §301-311〉

삼일 후에 데메트리오스는 그들을 데리고 7스타디온의 바다 둑길을 통해 섬으로 갔다. 그들은 다리를 건넌 후, 북쪽으로 가서 해안에 세워진 집안에서 모임을 가졌다. 그곳은 훌륭하게 갖추어진 대단히 조용한 장소였다. 그는 그 남자들에게 번역 일을 요청했다. 그곳은 필요한 모든 것들이 훌륭하게 제공된 곳이었다.

그리고 그들은 서로 비교해 가며 조화롭게 일을 수행해 나갔다. 그리고 조화를 통해 나온 결과는 데메트리오스가 보기에 공적인 문서로서의 가치가 있는 것이었다. 그들이 모여서 하는 작업은 아홉 시까지 계속되었다. 그러나 그 후에는 그들은 자유롭게 되어 육체를 돌볼 수 있는 시간이 주어졌다.

준비된 모든 것들이 그들에게 풍족하게 공급되었다. 그리고 그 외에도 도로테오스는 매일 왕에게 식사로 제공되는 모든 것들을 또한 이들에게도 제공했다. 왜냐하면 그것이 왕을 통하여 그에게 명령되었기 때문이었다. 그리고 그들은 매일 아침에 모두 함께 왕궁으로 갔다. 그리고 그들은 왕에게 인사를 한 후, 그들의 장소로 보내졌다. 그리고 모든 유대인들의 관습에 따라, 그들은 하나님께 기도를 드리기 위해 바다에서 손들을 씻은 후, 읽기와 번역작업을 시작했다.

그래서 나는 이것에 대해서도 물었다. "무엇 때문에 그들은 그 때에 손들을 씻으며 기도를 하는가?" 그들이 대답했다. "왜냐하면 그것은 우리가 그 어떤 악한 일도 하지 않는다는 증거이기 때문이다. 왜냐하면 모든 일은 손들을 통해 이루어지기 때문이다." 모든 것들을 훌륭하고 경건하게, 의로움 및 진리와 연결시키면서, 그들은 앞서 말한 바와 같이 조용하고 밝은 빛이 드는 만족스러운 그 장소에 모여서 매일 이와 같이 과제를 수행했다.

그래서 72일 만에 번역작업이, 마치 그것이 어떤 계획에 따라 발생한 것처럼, 완성되었다. 완성이 되었을 때, 데메트리오스는 유대인들의 무리를 그 장소, 즉 번역작업이 완성된 곳으로 모은 후, 번역자들도 참석한 가운데 모두에게 그것을 읽어주었다. 그 책들은, 대단히 훌륭하게 이루어진 것들이었기 때문에, 무리에게도 열광적으로 받아들여졌다. 그들은 또한 데메트리오스를 크게 칭찬한 후, 전체 율법 번역서를 그들의 통치자에게 줄 것을 요청했다.

그 두루마리들이 읽혀졌을 때, 번역자들인 장로들과 제사장들, 그리고 무리의 지도자들인 알렉산드리아의 유대 정치기구의 몇 사람들이 일어서서 말했다. "그것은 훌륭하고 경건하게 번역되었기 때문에, 그리고 모든 면에 있어서 정확하기 때문에, 지금의 모습으로 이 책들을 유지하는 것이, 그리고 그 어떤 수정도 이루어지지 않는 것이 옳다." 모든 사람들이 이 말에 동의한 후, 그들은 관습에 따라 저주를 선포했다. "만약 누군가가 이 책들의 내용에 무언가를 더하거나, 그것들을 옮기거나, 혹은 제거한다면, 그는 저주를 받을 것이다. 이 책들의 내용은 항상 지속적으로 불변하게 지켜져야 할 것이다."

칠십인역의 탄생

번역했던 문장들을 이 책에 옮겨 적으면서 약간 문제를 다듬기는 했지만 문장들이 어색한 것은 어쩔 수 없습니다. 위의 장면이 보여주는 것은 구약 전체의 번역이 아니라 모세오경이 번역되는 장면입니다. 모세오경이 헬라어로 번역된 것은 주전 250년경입니다. 우선 모세오경만이 헬라어로 번역이 되었습니다. 그리고 그 후 약 100여 년에 걸쳐서 그러니까 주전 150년까지 구약성경의 나머지 부분들도 헬라어로 번역이 되었습니다.

우리는 알렉산드리아에서 이루어진 이 번역본을 흔히 칠십인역이라고 부릅니다. 라틴어로 70이라는 숫자가 '셉투아진트'(Septuagint)인데, 그래서 이 책을 '셉투아진트'라고 부르기도 합니다. 또 70의 라틴어 표기를 사용하여 이 책을 LXX로 표기하기도 합니다(L = 50, = 10, 즉 LXX = 50 +10 +10). 70인역이라는 이름은 번역자의 수를 따서 그렇게 부르는 것입니다. 그런데 위의 인용문에 나타나듯이 번역자의 수는 원래 72명이었습니다. 한 지파에서 여섯 명씩 열두 지파에서 학자들이 차출되었기 때문에 72명이 맞습니다. 하지만 유대인들은 이 성경을 72인경이라고 부르지 않고 70인경이라고 부르는데, 그 이유는 유대인들은 흔히 단 단위의 숫자는 생략해 버리는 습관이 있기 때문입니다.

칠십인역의 중요성

칠십인역의 탄생은 신약시대를 위해 어마어마한 중요성을 지닙니다. 그중에서 가장 중요한 것 세 가지만 지적해 보도록 하겠습니다.

첫째, 칠십인역이 있었기 때문에 신약시대의 성도들이 구약성경을 읽을 수 있었습니다. 초대교회 성도들 중 대다수는 이방인들이었습니다. 그들은 히브리어를 몰랐습니다. 사실 예수님 당시의 유대인들도 특별히 교육을 받은 사람들 외에는 히브리어 성경을 읽을 수 없었습니다. 그래서 서기관들과 바리새인들이 그토록 귀하게 대접을 받았던 것입니다.

예수님 당시에 팔레스타인 지역에서 살던 유대인들이 사용하던 언어는 팔레스타인 아람어(Palestine Aramaic)입니다. 주전 586년에 예루살렘이 망한 후 유대인들이 바벨론으로 끌려갔습니다. 그들은 그곳에서 자신들의 모국어인 고대 히브리어를 잃고 바벨론 아람어를 배웠습니다. 그리고 나중에 다시 고향으로 돌아와서 바벨론 아람어와 팔레스타인 지역 토속어를 결합시킨 나름대로의 아람어를 발전시켰는데 그것이 팔레스타인 아람어입니다. 영화 '패션 오브 크라이스트'(Passion of Christ)에서 등장인물들이 사용하던 언어가 바로 그것입니다. 이 언어는 모세와 다윗이 사용하던 언어와는 크게 차이가 납니다.

한반도에서 겨우 오륙백 년 전에 쓰인 훈민정음언해, 즉 '나랏말싸미 듕귁에 달아 문짜와로 서로 사맛디 아니할셰 …'도 따로 교육을 받지 않으면 무슨 뜻인지 이해하기가 불가능한데 모세부터 70인경까지는 약 1,200년의 시간차가 있습니다. 일반인들이 그 언어를 이해할 수 없는 것은 당연합니다. 그런데 하나님께서 은혜를 베푸셔서 주전 250년경부터 주전 150년경까지 구약성경 전체가 헬라어로 번역되도록 역사해 주신 것입니다. 그것도 당시 최고의 학자들을 동원해서 말입니다. 그 덕분에 초대교회 신자들은 처음부터 헬라어로 기록된 신약성경뿐만 아니라 구약성경까지도 자유롭게 읽으며 신앙생활을 할 수 있었습니다.

둘째, 구약의 히브리어 용어들을 가장 적절한 헬라어 단어로 번역하여 헬라어로 설교를 하거나 신약을 기록할 때 용어 선택의 고민이 없게 되었습니다. 한 언어의 단어를 다른 언어로 번역할 때 그 개념에 딱 맞는 단어를 찾기 어려울 때가 많습니다. 더구나 아예 문화권 자체가 다른 언어로 번역을 한다면 적절한 용어를 찾는 것은 더욱 어렵습니다. 히브리어는 셈족 문화권의 언어이고 헬라어는 유럽문화권의 언어입니다. 서로 정확하게 상응하는 개념을 찾기가 어려울 때가 많습니다.

그런데 하나님께서는 주전 3세기 중반에 당시 가장 유능한 히브리어 학자들을 72명씩이나 동원하셔서 구약성경의 단어들에 가장 적확하게 상응하는 헬라어 단어들을 골라놓도록 하신 것입니다. 이를테면 히브리어 성경에 '샬롬'이라는 단어가 있습니다. 보통 이것을 한글로는 '평화' 혹은 '평강'이라고 번역하지만 원래의 의미는 좀 더 풍성합니다. '샬롬'은 단지 전쟁이 없는 소극적인 평화 상태를 뜻하는 것이 아니라 '어떤 것이 원래 그렇게 존재하도록 하나님이 의도하셨던 그런 상태에 있는 것'을 의미합니다. 그러므로 필자가 지금 사용하고 있는 키보드의 경우에 그것의 샬롬은 매일 저에 의해 열심히 사용되는 것입니다. 그냥 가만히 창가에 놓여 있다면 키보드에 상처가 하나도 없더라도 그것은 샬롬이 아닙니다.

72명의 유대인 학자들은 샬롬을 '에이레네'로 번역했습니다. 그리고 '여호와' 혹은 '야훼'라고 부르는 하나님의 이름은 '퀴리오스'로 번역했습니다. 이런 식으로 모든 히브리어 단어들에 대해, 비록 완벽하게 개념이 일치하는 것은 아니지만, 가장 근접한 개념을 지닌 헬라어 단어들을 선별하여 그것들을 사용해서 칠십인경을 번역했습니다.

만약 이 작업이 이루어지지 않았다면 초대교회의 설교자들은 엄청난 혼란을 겪어야 했을 것입니다. 구약성경에 대해 설교를 할 때마다 자기 나름대로 헬라어 단어들을 선택해야 했을 것입니다. 청중들의 경우에는 더 심각합니다. 베드로에게 듣는 설교와 사도 바울에게 듣는 설교의 용어들이 다 다르기 때문입니다. 또 성경을 기록할 때도 혼란이 있었을 것입니다. 같은 용어를 지칭하는데 마태복음에서 선택한 헬라어 단어와 마가복음이 선택한 단어가 달랐을 것입니다. 심지어 같은 복음서 내에서도 앞에서 사용했던 단어와 뒤에서 사용한 단어가 달랐을 수 있습니다.

이것은 복음전파를 위해 커다란 걸림돌이 되었을 것입니다. 하지만 하나님께서 예수님을 세상에 보내시기 250년 전에 이 일을 해결해 놓으셨습니다. 교회가 생겨났을 때는 설교와 성경기록에 적합한 모든 헬라어 단어들은 이미 정리되어 사용을 기다리고 있었습니다. 설교자들과 성경 기자들은 이미 선택되어 있던 단어들 중 가장 훌륭한 것들을 사용하여 통일성 있게 복음을 전하고 성경을 기록할 수 있었습니다.

셋째, 칠십인경이 있었기 때문에 신약의 기자들은 자신들의 책을 기록할 때 쉽게 구약성경을 인용할 수 있었습니다. 신약성경을 기록한 분들이라고 해서 구약성서를 모두 암기하고 있는 것은 아니었습니다. 그분들이 신약성경을 기록하다가 구약성경을 인용할 필요가 있을 때는 히브리어 성경을 보며 일일이 번역을 하는 것이 아니라 칠십인경을 옆에 두고 해당 부분을 베껴 오기만 하면 되었습니다. 이것은 엄청나게 편리한 일이었습니다.

이상 세 가지가 칠십인경 번역이 복음전파에 대해 갖는 중요성들입니다. 칠십인경에 대해서는 부수적으로 해야 할 이야기들이 많이 있습니다. 하지만 이곳은 복음이 전파되기 전에 하나님께서 미리 예비해 놓으신 일들 네 가지를 설명하는 곳이므로, 일단 이 정도만 설명을 하고 역사를 순서대로 설명할 때 필요한 것들을 추가적으로 언급하도록 하겠습니다.

로마제국의 지중해 유역 통일로 인한 정치적 안정(Pax Romana)

복음의 신속한 전파를 위해 하나님께서 신구약 중간기 시대에 이루어 놓으신 일들 중에는 로마 제국을 통한 정치적 안정도 포함됩니다. 복음이 처음 세계 각국으로 전해질 당시 지중해 주변은 모두 로마 제국에 속해 있었습니다. 흔히 주후 1,2세기를 '로마의 평화'(Pax Romana) 시대라고 부릅니다. 팍스 로마나는 좁게는 아우구스투스가 제국 전체를 평정한 후 계속 이어진 소위 오현제 시대를 가리키는 용어입니다. 주전 2세기까지만 해도 카르타고의 한니발(Hannibal, BC 247 ~ BC 183 / 182) 등이 로마를 위협했지만 그가 로마의 스키피오에게 패한 후에는 로마가 지중해 연안을 완전히 장악할 수 있었습니다. 그리고 그들은 지중해를 '우리의 바다'(mare nostrum)이라고 불렀습니다.

로마와 그리스 사이의 경쟁심

로마와 기독교의 전파 사이의 관계를 지적하기 전에 우선 당시 그리스인과 로마인 사이의 경쟁심을 지적해야 하겠습니다. 당시 두 나라 사람들은 서로에 대해 상당한 경쟁심을 가지고 있었습니다. 로마인들은 자신들이 그리스를 속국으로 삼고 있었기 때문에 자신들이 당연히 그리스보다 우월하다고 생각했습니다. 하지만 그리스인들의 생각은 달랐습니다. '우리가 비록 군사적으로는 너희에게 패배하여 너희의 속국이 되었지만 문화적으로는 우리가 너희보다 우월하다. 힘으로 말하자면 짐승들이 인간보다 더 강하다. 인간의 우월성은 문화에 있다. 그리스는 모든 면에서 로마보다 우월하다.' 이것이 그리스인들의 생각이었습니다. 사실 거의 모든 분야에서 그리스는 로마보다 우월했습니다. 그것은 로마인들도 인정하지 않을 수 없는 현실이었습니다. 미술, 음악, 문학, 철학 등 무슨 분야에서건 그리스의 것이 로마의 것을 압도했습니다.

하지만 딱 두 가지 분야에서는 로마가 그리스를 능가했습니다. 사실 이것들은 로마가 거대한 제국을 이루었기 때문에 가능했던 것이기는 한데, 하여튼 그것들이 뭐냐 하면 거대 건축과 법률제도였습니다.

로마의 법률제도

로마는 지중해 지역 전체를 다스렸습니다. 그 지역들을 마찰 없이 잘 다스리려다 보니 체계적이고 공평한 법률의 제정이 필요했습니다. 그래서 로마에서는 일찍이 법률제도가 발전했습니다. 초대교회 시대보다는 먼 이후의 일이기는 합니다만 6세기에 편찬된 유스티니아누스 법전이라는 것이 있습니다. 주후 529년부터 534년까지 비잔틴 제국에서 만들어진 것인데, 모두 열두 권으로 이루어진 아주 방대한 분량의 법전입니다. 내용적으로도 아주 탁월해서 공법과 사법을 분리하여 법전을 편찬했습니다. 이것은 유럽 전체의 근대법의 기초가 되었고 심지어 우리나라의 법에도 지대한 영향을 끼쳤습니다.

로마의 법은 이미 초대교회 시절에도 다른 나라들의 법에 비해 아주 잘 발달 되어 있었습니다. 특히 로마 시민권자들의 권리가 잘 보호될 수 있도록 세심한 주의를 기울였습니다. 이것을 가장 잘 활용한 사람이 바로 사도 바울입니다. 사도 바울의 전도 이야기 중에 대조적인 반응이 나타나는 곳이 있습니다. 그것은 빌립보와 예루살렘에서 체포되었을 때의 바울의 반응입니다.

바울은 빌립보에서 귀신들렸던 여종을 치료해 주었습니다 (행 16:18). 그러자 여종의 주인들은 자기 수익의 소망이 끊어진 것을 보고, 바울과 실라를 붙잡아 장터로 끌고 가서는 관리들에게 넘깁니다(행 16:29). 고소인의 말을 들은 관리들은 바울과 실라의 옷을 찢어 벗기고 매로 치라고 명령합니다. 그래서 그들은 사람들이 보는 앞에서 매를 맞고 감옥에 갇힙니다. 그 다음에 우리가 잘 아는 대로 옥터가 움직여서 옥문이 열리고, 간수가 자결을 하려다가 바울에게 복음을 듣고 구원을 받는 사건이 발생합니다.

그 다음이 재미있습니다. 다음 날 날이 밝자 바울을 옥에 가두었던 관리들이 부하를 시켜서 바울 일행을 석방하라고 지시합니다. 그 말을 들은 간수는 좋은 소식이라고 생각하고 곧장 바울에게 가서 "상관들이 사람을 보내어 너희를 놓으라 하였으니 이제는 나가서 평안히 가라"(행 16:36)라고 말합니다. 그러자 바울은 '아, 그래요? 이렇게 감사할 때가 있나. 정말 감사합니다' 하고 기뻐하는 것이 아니라 (아마도 화를 내면서) "로마 사람인 우리를 죄도 정하지 아니하고 공중 앞에서 때리고 옥에 가두었다가 이제는 가만히 내보내고자 하느냐 아니라 그들이 친히 와서 우리를 데리고 나가야 하리라"(행 16:37)라고 큰 소리를 칩니다.

당시 로마법은 로마 시민권자와 기타의 사람들을 엄격히 구분하고 있었습니다. 로마 시민권을 가진 사람은 정식 재판을 거쳐서 유죄가 확정되지 않는 이상 태형을 당할 수 없었습니다. 그런데 시민권자인 바울을 사람들 앞에서 실컷 때렸으니

책임자들은 엄청난 잘못을 저지른 것입니다. 부하들이 상관들에게 바울이 로마 시민권자라는 사실을 보고하자 상관들은 크게 두려워합니다. 그리고 그 길로 당장 바울에게 와서 용서를 빌고, 그곳을 떠날 줄 것을 바울 일행에게 공손하게 요청합니다(행 16:39).

비슷한 상황이 바울이 제3차 전도여행을 마친 후 예루살렘에 왔을 때도 발생했습니다. 그 때의 이야기는 성경을 인용하도록 하겠습니다.

> "³⁰ 온 성이 소동하여 백성이 달려와 모여 바울을 잡아 성전 밖으로 끌고 나가니 문들이 곧 닫히더라 ³¹ 그들이 그를 죽이려 할 때에 온 예루살렘이 요란하다는 소문이 군대의 천부장에게 들리매 ³² 그가 급히 군인들과 백부장들을 거느리고 달려 내려가니 그들이 천부장과 군인들을 보고 바울 치기를 그치는지라 ³³ 이에 천부장이 가까이 가서 바울을 잡아 두 쇠사슬로 결박하라 명하고 그가 누구이며 그가 무슨 일을 하였느냐 물으니 …… ²⁴ 천부장이 바울을 영내로 데려가라 명하고 그들이 무슨 일로 그를 대하여 떠드는지 알고자 하여 채찍질하며 심문하라 한대 ²⁵ 가죽 줄로 바울을 매니 바울이 곁에 서 있는 백부장더러 이르되 너희가 로마 시민 된 자를 죄도 정치 아니하고 채찍질할 수 있느냐 하니 ²⁶ 백부장이 듣고 가서 천부장에게 전하여 이르되 어찌하려 하느냐 이는 로마

시민이라 하니 ^{27} 천부장이 와서 바울에게 말하되 네가 로마 사람이냐 내게 말하라 이르되 그러하다 ^{28} 천부장이 대답하되 나는 돈을 많이 들여 이 시민권을 얻었노라 바울이 이르되 나는 나면서부터라 하니 ^{29} 심문하려던 사람들이 곧 그에게서 물러가고 천부장도 그가 로마 시민인 줄 알고 또 그 결박한 것 때문에 두려워하니라"(행 21:30-22:29)

이번에도 바울은 로마인들에게 잡힙니다. 하지만 바울이 대처하는 방식이 빌립보에 있을 때와는 다릅니다. 바울은 빌립보에서는 무방비로 매를 다 맞았습니다. 하지만 이번에는 군사들이 심문을 하기 위해 가죽 줄로 그를 묶으려 하자 백부장에게 "너희가 로마 시민 된 자를 죄도 정치 아니하고 채찍질할 수 있느냐"(행 22:25)하고 묻습니다. 그러자 그들은 바울을 더 이상 괴롭히지 못합니다. 바울은 빌립보에서는 자신의 권리를 제대로 행사하지 못했지만 예루살렘에서는 다른 모습을 보여줍니다.

이 차이에 대한 해석은 두 가지입니다. 하나는 단순하게 빌립보에서 자신의 권리를 주장할 겨를이 없었는데 그것이 실수였다는 것을 깨닫고 예루살렘에서는 권리를 행사했다는 것입니다. 또 다른 견해는 바울이 빌립보에서도 자신의 로마 시민권자로서의 권리를 잊고 있었을 리는 없다는 것입니다. 다만 빌립보에서는 이방인들에게 둘러싸여 있었고 자신의 권리를 너무 강하게 주장하는 모습을 보이는 것이 은혜롭지가 않기 때문에 복음을 위해 기꺼이 고난을 당하는 모습을 보였지만, 예루살렘에서는 복음을 대적하는 유대인들 앞에서 약한 모습을 보이고 싶지 않아서 기꺼이 자신의 권리를 행사했다는 주장입니다.

두 해석 가운데 어떤 것이 더 나은 지는 잘 모르겠습니다. 하여튼 전도를 위해 바울의 시민권이 긍정적인 역할을 한 것은 틀림없는 사실입니다. 그리고 사실은 예수님의 십자가도 로마의 법제도 때문에 발생하게 된 사건입니다. 유대인들의 전통적인 사형 방법은 돌을 던져서 사람을 죽이는 석형(石刑)이었습니다. 만약 당시 이스라엘이 로마의 식민지가 아니었다면 예수님께서는 유대인들에 의해 석형을 당해 죽으셨을 것입니다. 하지만 그렇게 되면 그리스도께서 나무에 달려서 우리의 저주를 없애주신다는 예언은 이루어질 수 없었을 것입니다(신 21:23; 갈 3:13).

로마의 도로

법률제도와 더불어 로마가 그리스를 능가한다고 인정받고 있는 두 번째 것은 대규모 토목공사입니다. 비교적 규모가 작은 건물들은 그리스가 로마를 능가합니다. 아기자기한 구조와 장식들은 그리스를 따를 수 없습니다. 하지만 콜롯세움과 같은 커다란 건물이나 애퀴덕트(aqueduct)와 같은 엄청난 길이의 수로, 그리고 '모든 길은 로마로'라는 말이 보여주듯이 로마의 잘 뻗은 도로들은 그리스에서는 찾아볼 수 없는 것들입니다.

로마의 길들은 사실은 세금으로 거둔 각 지역의 특산물들을 빠르게 로마로 운송하기 위하여 만들어진 것입니다. 가장 보편적인 운송수단은 마차였기 때문에 길의 너비는 말 두 마리가 나란히 끄는 마차가 지나가기 좋도록 설계되었습니다. 참고로 그 너비, 즉 말 두 마리가 나란히 끄는 마차의 너비가 유럽 도로 너비 산정의 기준이 되었고, 나중에는 철로 너비의 기준이 되었습니다. 즉 지금의 철로의 두 레일 사이의 너비는 말 두 마리가 끄는 마차의 바퀴 너비에서 유래한 것입니다.

그런데 이 길에는 문제가 있었습니다. 즉 약탈자들이 끊이지 않았다는 것입니다. 그런데 사실 로마의 입장에서는 약탈자들이지만 피지배국의 입장에서는 우리나라 이야기에 나오는 홍길동 같은 사람들이었습니다. 자신들이 피땀 흘려 생산해 낸 것들을 로마가 빼앗아 가니까 중간에 마차를 습격하여 그것을 다시 가져오는 것입니다. 로마는 습격사건이 빈발하자 로마의 모든 간선도로에 도로 수비대를 두었습니다. 그들의 임무는 도로 위에서 발생하는 약탈사건을 해결하는 것이었습니다. 그래서 일정한 간격마다 보초병들이 보초를 섰고, 행인들은 그들의 보호를 받으며(?) 안전하게 여행을 할 수 있었습니다.

군인들의 이런 보호의 덕을 많이 본 사람들이 바로 사도 바울을 비롯한 선교사들이었습니다. 사도 바울의 선교는 대도시 중심으로 이루어졌습니다. 전도의 효과를 극대화 시키기 위해 각 지역의 거점 도시에 교회를 세우고 그 근방의 지역들은 그 거점 교회가 담당하도록 하는 전략이었습니다. 그런데 로마의 모든 거점 도시들은 잘 정비된 포장도로들로 연결되어 있었고, 그 도로들은 또한 로마 군인들에 의해 보호되고 있었습니다. 전도자들은 그들의 보호를 받으며 전도여행을 다닐 수 있었습니다.

자 이렇게 해서 복음전파를 위해 신구약중간기에 하나님이 미리 예비하신 것들 네 가지를 살펴보았습니다. 이제부터는 신구약의 중간시대를 시간 순서에 따라 살펴보도록 하겠습니다. 하지만 이 책은 역사 자체를 살피기 위한 책은 아닙니다. 어디까지나 신약성경을 더 잘 이해하려는 목적으로 쓰인 책입니다. 그렇기 때문에 역사적으로는 아무리 중요하다 해도 신약성경과 별로 상관이 없는 부분은 과감하게 설명을 생략할 것입니다. 그리고 중간에 설명을 하다가 가끔은 시간을 앞질러 가며 설명을 하기도 할 것입니다.

제 2 장

신구약 중간시대

STORY OF INTERTESTAMENTAL PERIOD

STORY OF INTERTESTAMENTAL PERIOD

02

신구약 중간시대

앗수르, 바벨론, 그리고 바사(페르시아) 시대

이스라엘은 솔로몬 왕 시대까지는 하나의 왕국으로 존재했습니다. 하지만 그의 아들인 르호보암 시대에 나라가 둘로 나누어집니다. 여로보암이 초대왕이던 북왕국은 보통 (북)이스라엘이라고 불리고, 솔로몬의 아들인 르호보암이 다스리던 남왕국은 보통 유대라고 불립니다.

앗수르에 의한 북이스라엘의 멸망

북이스라엘은 주전 722년에 앗수르(앗시리아)에 의해 멸망을 당했습니다. 앗수르는 아주 강력한 나라였습니다. 역사가들은 전성기였던 주전 800년대 중반의 앗수르의 군사력은 보병 170만 명, 기병 20만 명, 그리고 전차 1,600대에 달했다고 주장합니다. 이것이 사실이라면 고대 시대에서는 정말 가공할 군사력을 지녔었다고 할 수 있을 것입니다.

앗수르는 그 잔혹성이 그 이전과 이후의 모든 제국들을 능가하였습니다. 발견된 기록에 따르자면 앗수르의 아슈르나시르팔 왕은 도시의 문 앞에 기둥을 세우고 반란의 주모자들의 살가죽을 벗겨 그 가죽으로 기둥을 감았으며, 또 어떤 자는 말뚝에 꽂아 기둥에 세우기도 했고, 반역한 적들의 왕과 신하의 수족을 잘라 쌓아 두었으며, 그들의 가죽을 벽에 발라 두었다고 말하고 있습니다.

이렇게 피정복자들을 못살게 굴었으니 앗수르는 또한 그들의 반란을 두려워했을 것입니다. 그래서 그들은 피정복민들이 단결하지 못하도록 방해하는 정책을 폈습니다. 앗수르는 정복한 여러 민족들을 서로 다른 영토로 흩어 이주시켰습니다. 그렇게 해서 사람들의 혈통이 섞임을 통해 각 민족들이 정체성을 잃게 하고, 그들이 단결하여 앗수르에 대해 반역을 꾀하지 못하도록 하자는 것이었습니다.

〈사마리아〉 북이스라엘 역시 앗수르 제국 사방으로 뿔뿔이 흩어졌습니다. 그리고 사방에서 온 이주민들이 북이스라엘 지역을 채웠습니다. 그들 사이에는 혼인이 이루어졌고 그래서 혼혈인들이 등장하게 되었습니다. 혈통적으로만 타민족과 섞인 것이 아닙니다. 그들은 종교적으로도 혼합되었습니다. 하나님을 섬긴다고 하면서도 하나님을 그저 다른 여러 신들 중 하나로 섬기게 되었습니다. 남쪽에 있는 유대인들이 볼 때 이것은 심각한 일이었습니다. 그래서 그들은 북이스라엘 지역의 거주민들을 사마리아인이라고 하며 멸시하게 되었습니다.

사마리아 오경과 모세오경의 역사성

이번에는 약간 전문적인 이야기를 해 볼까 합니다. 예수님 당시에 유대인들이 가지고 있던 구약성경에는 크게 보아 세 종류의 판본들이 있었습니다. 이집트의 알렉산드리아에서 주로 사용되던 '알렉산드리아 사본'이라는 것이 있었고, 유대인들이 바벨론 포로기간 중에 보관하고 있다가 팔레스타인으로 귀환할 때 가지고 와서 사용하고 있던 '바벨론 사본'이라는 것이 있었습니다. 그리고 또 하나가 있었는데 그것은 사마리아인들이 사용하던 사마리아 사본이라는 것이었습니다.

그런데 이 사마리아 사본은 특징이 있었습니다. 그게 뭐냐 하면 사마리아 성경에는 모세오경만이 포함되어 있었다는 것입니다. 알렉산드리아 사본이나 바벨론 사본은 구약성경 전체를 포함하고 있는데 비해 사마리아 성경은 오직 모세오경만을 포함하고 있었습니다. 그 이유는 사마리아인들이 모세오경만을 거룩한 하나님의 책으로 인정하고 있었기 때문입니다.

구약은 크게 세 부분으로 나뉩니다. '토라'라고 불리는 모세오경이 있고, '선지자들'이라는 뜻의 '네비임'이라고 불리는 선지서가 있습니다. 그리고 '쓰여진 것들'이라는 뜻의 '케투빔'이라고 불리는 기타의 책들이 있습니다. 그런데 네비임과 케투빔은 다윗을 대단히 호의적으로 표현하고 있습니다. 그 책들은 다윗 왕조의 정통성을 주장하고, 또 다윗의 시들이 심심치 않게 그 책들 속에 등장합니다. 다윗에게 허락하신 하나님의 언약이 영원할 것이라는 말씀도 자주 나옵니다.

그런데 우리가 알다시피 사마리아인들의 뿌리는 다윗 왕가의 혈통을 이어받은 남유다가 아니라 여로보암이 초대왕이었던 북이스라엘이었습니다. 그렇기 때문에 이들이 볼 때는 친다윗적인 색채가 강한 선지서들과 시가서 등의 기타의 책들은 경전으로 받아들일 수가 없는 것이었습니다. 왜냐하면 그랬다가는 자신들의 역사적 정통성을 포기해야 했기 때문입니다. 그렇기 때문에 사마리아 사람들은 다윗의 흔적이 없는 모세오경만을 경전으로 받아들였습니다.

그런데 이것이 신학적으로 대단히 중요한 의미를 지니고 있습니다. 신학자들 가운데는 모세오경은 먼 훗날에 기록된 것이라고 주장하는 사람들이 아주 많습니다. 그들은 대개 모세오경이 바벨론 포로기 동안에 완성되었다고 봅니다. 그런데 사마리아 사람들이 모세오경을 자신들의 경전으로 받아들이는 이유는 그 책들 속에 다윗의 그림자가 전혀 없기 때문입니다. 즉 모세오경은 다윗이라는 인물이 세상에 등장하기 한참 전에 쓰여진 책이라는 것입니다. 다윗에 대해 적대적인 사마리아인들이 모세오경만을 성경으로 받아들이고 있다는 사실은 모세오경이 다윗 시대 이전에 완성된 것임을 보여주고 있습니다.

남유다의 멸망

남유다는 북이스라엘이 앗수르에게 망한지 약 136년 후인 주전 586년에 바벨론에 의해 망합니다. 역사책에 보면 구바빌로니아가 있고 신바빌로니아가 있는데 유다를 무너뜨린 것은 신바빌로니아입니다. 바벨론의 왕들이 성경에 두 사람 등장합니다. 그들은 성전을 파괴한 느부갓네살과 벨사살입니다. 그들은 다니엘서에서는 나란히 이어서 등장하는데 느부갓네살은 2장과 4장의 꿈의 주인공이고 벨사살은 5장에 나오는 '메네 메네 데겔 우바르신'이라는 손가락 글씨사건의 주인공입니다.

메대, 바사제국

바벨론은 메대와 바사의 연합군에 의해 멸망을 당합니다. 메대는 메디아, 바사는 페르시아를 말합니다. 성경에 메대라는 나라가 잠깐 등장하다가 다시는 등장하지 않습니다. 그 이유는 바사에 병합되었기 때문입니다. 그래서 우리는 바사는 대단히 큰 나라였고 메대는 작은 나라였을 것이라고 생각하기 쉬운데 사실은 그렇지 않습니다. 국토의 크기만 놓고 보면 오히려 메대가 바사보다 컸습니다. 그런데 왜 메대가 바사에게 병합되었을까요? 그 이유는 고레스라는 바사의 초대왕이 특출한 인물이었기 때문입니다.

군사적, 정치적 수완이 좋았던 통치자들은 역사에 많이 있습니다. 하지만 고레스가 특출했던 이유는 그가 그런 모든 능력을 가졌음에도 불구하고 대단히 관용적이고 포용력이 컸기 때문입니다. 그는 자신이 정복한 나라의 사람들에게 호의를 베푼 것으로 유명합니다. 예를 들면 메대의 마지막 왕이었던 키악사레스 2세(Cyaxares II)는 고레스의 배려 덕분에 생의 마지막 시기에 바벨론에서 2년간이나 통치를 할 수 있었다고 합니다. 그는 바벨론의 마지막 왕 나보니두스도 왕의 예우로 대접했고, 그가 죽었을 때는 성대한 국장을 치러주었습니다. 또 적국의 하층민들은 고레스가 자신들의 나라에 쳐들어올 것이라는 소문이 들리면 오히려 그가 어서 쳐들어오기를 기대했다고 합니다. 왜냐하면 고레스의 통치를 받는 것이 자신들에게 더 유리했기 때문입니다.

나중에 알렉산더 대왕이 바사를 멸망시켰을 때도 다른 왕들의 유물들은 약탈했지만 고레스 왕의 무덤과 유물은 건드리지 않았다고 합니다. 알렉산더 대왕 자신도 고레스를 존경했고 또 고레스를 존경하는 일반인들의 정서를 무시할 수 없었기 때문이라고 합니다.

성경에 등장하는 바사 제국의 왕들

성경에는 바사제국의 왕들이 네 명 등장합니다. 일단 중요한 것들을 표로 정리했습니다.

	연대(주전)	중요 성경 인물	
고레스 (Cyrus, Kores)	539–529	스룹바벨(다윗 왕손, 주전 538년의 1차 귀환의 주역) 에스라 1–3장(에스라가 직접 귀환한 것은 아님)	성전 건축 시작
캄비세스 (Cambyses)	529–522		성경에 안 나옴
다리오 (Darius I)	522–486	학개, 스가랴	성전 완공(주전 515년. 성전이 무너진 586년부터 약 70년 이후이다.)
아하수에로 (Xerxes 혹은 Ahasuerus)	486–465	에스더	참고: 그리스와의 페르시아 전쟁 (주전 546경–448경)의 주역
아닥사스다 (Artaxerxes I or Artasasta)	465–425	에스라(2차 귀환, 학사 겸 제사장) 느헤미야(3차 귀환, 총독)	예루살렘 성벽의 완성

〈고레스〉 첫 번째 왕인 고레스는 유대인들의 귀환을 허락합니다. 그 때 많은 유대인들이 팔레스타인으로 돌아왔으므로 이를 1차 귀환이라고 합니다. 그 때 중심이 된 인물은 스룹바벨입니다. 이 인물에 대해서는 그가 다윗 왕손이었다는 사실 외에는 별로 알려진 것이 없습니다. 1차 귀환으로 돌아온 유대인들은 곧 성전을 건축하기 시작했지만 사마리아인들의 방해 때문에 그 일은 중단되고 맙니다.

〈다리오〉 그 다음 왕은 캄비세스이지만 성경에는 이 사람이 등장하지 않습니다. 성경에 등장하는 바사의 그 다음 왕은 다리오입니다. 그 때 학개와 스가랴가 백성을 독려하여 드디어 성전이 완공됩니다. 성전이 무너진 것이 주전 586년이고 두 번째 성전이 완공된 것이 주전 515년이니까 그 사이의 기간은 거의 정확히 70년입니다. 예레미야 선지자를 통해 주셨던 하나님의 말씀이 그대로 이루어진 것입니다. "여호와께서 이와 같이 말씀하시니라 바벨론에서 칠십 년이 차면 내가 너희를 돌보고 나의 선한 말을 너희에게 성취하여 너희를 이곳으로 돌아오게 하리라"(렘 29:10. 참고. 렘 25:11,12).

〈아하수에로〉 그 다음 왕은 에스더의 남편인 아하수에로입니다. 영화 '300'에 등장하는 페르시아 왕이 바로 이 사람입니다.

주전 546경-448경까지 계속되었던 그리스를 상대로 한 페르시아 전쟁에서 주역을 담당했던 왕들 중 한 사람입니다. 에스더서에 보면 그가 향락에 빠져서 살았던 것을 볼 수 있는데 역사가들은 그가 그리스 원정에서 패배하여 돌아온 후 낙심하여 그런 모습으로 살게 되었을 것이라는 해석을 내놓기도 합니다.

〈아닥사스다〉 그 다음 왕은 아닥사스다인데 그 때 에스라와 느헤미야가 활약했습니다. 두 사람 모두 바벨론에 있다가 유대인들을 인솔해서 이스라엘 땅으로 돌아왔습니다. 그래서 에스라가 사람들과 함께 귀환한 것을 2차 귀환이라고 하고, 느헤미야가 사람들과 함께 귀환한 것을 3차 귀환이라고 합니다.

에스라는 학사 겸 제사장이었습니다. 성경에도 능했고 제사장으로서의 임무에도 능한 훌륭한 사람이었습니다. 반면에 느헤미야는 관료 출신이었습니다. 아닥사스다 왕의 술 맡은 관원으로 있다가(느 1:11) 유대인의 총독으로 부임했습니다. 이 두 사람이 지도자가 되어서 예루살렘 성벽을 완성시켰습니다.

성전의 완공과 유대인들의 실망

성전과 성벽을 완성시킨 일은 누가 봐도 대단히 영웅적인 일이었습니다. 일단 유대인들이 조상들의 땅으로 돌아왔다는 사실 자체가 신앙의 결단을 요구하는 대단한 일이었습니다.

고레스는 역사가 증언해 주듯이 폭군이 아니었습니다. 이제 유대인들도 바벨론에 머물러 있으면 나름대로 안정된 삶을 유지할 수 있었습니다. 하지만 고레스가 귀환을 허락하자 신앙심이 깊었던 사람들은 안정된 삶을 버리고 멀고 험한 길을 여행하여 고향으로 돌아왔던 것입니다.

그리고 그들이 성전을 건축했습니다. 성전이 완성되었을 때 그들은 많은 기대를 했을 것입니다. 솔로몬 성전이 완성되었을 때 하나님의 불이 임하여 제물을 사르고, 하나님의 임재를 상징하는 구름인 '셰키나'가 성전에 가득했던 것을 알고 있었기 때문입니다. 그러나 그런 일은 일어나지 않았습니다. 유대인들은 실망했을 것입니다. 그래서 그들은 또 하나의 헌신을 바치기로 합니다. 그것이 바로 성벽의 건축입니다. 그들은 아마도 성벽까지 완성이 되면 하나님께서 큰 역사를 이루어주실 것으로 생각했을 것입니다.

그래서 에스라, 느헤미야서가 보여주는 것처럼 그들은 헌신적으로 일을 해서 결국 성벽을 완성시킵니다. 하지만 그 결과는 어떠했습니까? 아무 변화도 나타나지 않았습니다. 마치 그들이 아무 일도 하지 않은 것 같았습니다. 불이 떨어지는 것과 같은 기적도 일어나지 않았고 국제정세의 변화도 없었습니다. 그냥 똑같은 태양이 뜨고 졌고 세상은 어제와 똑같이 오늘도 흘러갔습니다.

그들은 실망했을 것입니다. 과연 하나님이 계시는 것일지 회의가 생겼을 것입니다. 자신들은 더 이상 할 수 있는 일이 없습니다. 자신들의 처지에서는 할 수 있는 모든 것을 다해 하나님께 헌신을 한 것입니다. 그런데 아무런 효과가 없습니다. 그래서 그들은 지치고 실망했을 것입니다.

그 때의 상황이 말라기에 기록되어 있습니다. 사람들은 하나님이 없다고 하며 밖으로 뛰쳐나가지는 못합니다. 그럴 용기는 없습니다. 하지만 하나님을 열심을 다해 섬긴다는 것에 대해서는 그 의미를 찾지 못합니다. 자신들이 할 수 있는 모든 일을 다 해 보았지만 아무런 가시적 결과를 얻지 못했기 때문입니다. 이스라엘 백성들의 그런 심리적 상태가 말라기에 잘 나타나 있습니다. "만군의 여호와가 이르노라 너희가 눈 먼 희생제물을 바치는 것이 어찌 악하지 아니하며 저는 것, 병든 것을 드리는 것이 어찌 악하지 아니하냐 이제 그것을 너희 총독에게 드려 보라 그가 너를 기뻐하겠으며 너를 받아 주겠느냐"(말 1:8).

그들이 이런 불신의 모습을 갖게 된 것은 물론 잘못된 것입니다. 하지만 우리가 쉽게 정죄할 일은 아닌 것 같습니다. 왜냐하면 우리도 그런 상황이었다면 그들과 같은 모습을 보였을 가능성이 크기 때문입니다. 그런데 왜 하나님께서는 그들에게 가시적 변화를 보여주시지 않았을까요? 왜 솔로몬 성전의 낙성식 때처럼 하늘에서 불을 내리고, 세키나가 성전에 가득하게 하지 않으셨을까요? 왜 그들의 원수들이 즉시 멸망하도록 하지 않으셨을까요?

　하나님께서 그렇게 하시지 않은 이유는 만약 그렇게 하셨다면 오히려 그들에게 또 우리에게 해가 되었을 것이기 때문입니다. 하나님의 구속의 역사는 모든 것이 한꺼번에 이루어지는 것이 아니라 때를 따라 조금씩 순차적으로 이루어집니다. 구약시대는 율법시대입니다. 인간이 율법을 지킴으로 구원을 받지 못한다는 것이 이스라엘과 유다의 멸망을 통해 밝혀졌습니다. 이제는 율법시대가 다시 시작되는 것이 아니라 잠시 기다렸다가 예수님이 세상에 오셔야 하는 그런 때입니다.

　그런데 지금 에스라, 느헤미야가 활동하던 시기에 성전을 중심으로 이스라엘이 다시 회복되는 기적이 일어난다면 그것은 율법시대가 다시 시작됨을 의미합니다. 그것은 축복이 아니라 저주입니다. 사람들이 다시 지긋지긋한 율법시대를 겪어야 함을 뜻합니다. 그렇기 때문에 하나님께서는 그들의 헌신과 신앙은 기쁘게 받으셨지만 정치적으로 이스라엘을 회복시키는 기적은 허락하시지 않으신 것입니다. 하지만 당시의 유대인들은 그걸 모릅니다. 그렇기 때문에 말라기에서 보는 것처럼 낙심하여 어쩔 줄을 모르고 있는 겁니다.

알렉산더 대왕과 헬라제국 시대

바사 즉 페르시아는 알렉산더 대왕에게 망합니다. 알렉산더 대왕은 그리스 사람이 아닙니다. 그리스 북쪽에 위치한 마게도냐(마케도니아) 사람입니다. 마게도냐는 험준한 산악지역이 많기 때문에 하나의 통일된 나라를 이루지 못하고 있었습니다. 그 마게도냐를 통일한 사람이 알렉산더 대왕의 아버지인 필립포스 2세(Phillippos Ⅱ)입니다. 그는 마게도냐를 통일했던 것만이 아닙니다. 주전 338년에는 카이로네이아에서 아테네와 테베의 연합군을 물리치고 그리스까지 지배하게 되었습니다. 하지만 그는 주전 336년에 페르시아 원정에 나서려다가 마케도니아 왕실의 내분에 휩싸여 암살되고 말았습니다.

그의 뒤를 이어 왕위에 오른 사람이 바로 알렉산더 대왕(BC 356-323)입니다. 그가 왕위에 오른 것이 주전 336년이니까 만 20세에 왕이 된 것입니다. 그는 아버지 이상의 군사적 능력을 보여주었습니다. 왕이 된 후 곧 정복전쟁을 시작한 그는 주전 330년에는 예루살렘을 정복했습니다. 그 때의 나이가 26살이었습니다. 그리고 주전 323년에 만 33세의 나이로 죽을 때까지 마케도니아로부터 인도 북서부까지 이르는 방대한 땅을 자신의 영토로 만들었습니다.

하지만 알렉산더는 전쟁에서 귀환하던 중 바벨론 지역에서

열병에 걸려 갑자기 죽고 맙니다. 문제는 아들이 없었다는 것입니다. '알렉산더'라는 영화를 보면 그가 의식을 잃고 죽어갈 때 그의 친구이자 부하장군이었던 사람들이 그에게 '누가 당신의 후계자냐?' 하고 반복해서 질문을 합니다. 후계자 문제를 매듭지지 않고 왕이 죽으면 남아 있는 장군들 사이에서 권력다툼이 일어날 것이 뻔하기 때문에 후계자를 지명하라고 알렉산더에게 요청하고 있는 것입니다.

하지만 그는 결국 의식을 회복하지 못하고 숨을 거두고 맙니다. 그리고 그의 방대한 영토는 부하들이 염려했던 대로 결국 네 개로 나뉘고 맙니다. 그러다가 나중에는 안티고노스 왕조, 셀류키드(혹은 셀류커스) 왕조, 그리고 톨레미 왕조로 나누어졌습니다. 그 중에서 우리가 관심을 가져야 할 것은 셀류키드(Seleucid) 왕조와 톨레미(Ptolemy) 왕조입니다. 셀류키드 왕조는 시리아 지역을 중심으로 삼았고, 톨레미 왕조는 이집트 지역을 중심으로 삼았습니다.

톨레미 왕조와 유대인

팔레스타인 지역은 주전 330년에 알렉산더에 의해 정복되었습니다. 그가 죽고 나라가 나누어진 후에 그들은 주전 323년부터 주전 198년까지 톨레미 왕조의 지배를 받았습니다. 이집트 지역을 차지하고 있던 톨레미 왕조는 유대인들에게 대체로 관대했습니다. 이스라엘 본토에서는 대제사장의 권위를 인정해 주었고 알렉산드리아에서는 유대인들이 활발하게 상업 활동을 할 수 있었습니다. 아마도 이집트인들은 옛날부터 유대인들과 교류를 해 왔었기 때문에 그들의 종교와 풍속을 존중해 주었을 것입니다.

칠십인경의 번역

이 시기에 이루어진 가장 중요한 일은 구약성경이 헬라어로 번역된 일입니다. 이것에 대해서는 이미 앞에서 설명을 했으므로 여기서는 그것을 간단하게 요약만 하도록 하겠습니다.

〈번역과정〉 주전 250년경에 알렉산드리아에서 70인경(LXX, Septuagint)이 번역되었습니다. 처음에는 모세오경이 번역되었고, 이후 100여 년에 걸쳐 구약의 나머지 부분이 번역되었습니다. 『아리스테아스의 편지』에 이 번역작업을 둘러싼 이야기가 실려 있는데 위에서 필자가 헬라어에서 직접 번역한 부분을 소개했습니다.

〈칠십인경이 갖는 중요성〉 칠십인역의 중요성은 다음 세 가지로 요약할 수 있습니다. 첫째, 칠십인경이 있었기 때문에 신약시대 성도들이 구약성경을 읽을 수 있었습니다. 둘째, 구약의 히브리어 용어들을 가장 적절한 헬라어 단어로 번역하여 헬라어로 설교를 하거나 신약성경을 기록할 때 용어선택의 고민이 없게 되었습니다. 셋째, 칠십인경이 있었기 때문에 신약의 기자들은 자신들의 책을 기록할 때 쉽게 구약성경을 인용할 수 있었습니다.

칠십인경과 하나님의 특별한 역사

칠십인경은 위에서 본 것처럼 복음의 전파와 교회의 부흥을 위해서는 없어서는 안 될 중요한 일이었습니다. 하지만 이 일은 하나님의 특별한 역사가 없었다면 불가능했을 것입니다. 유대인들은 자신들만이 하나님의 선민이라는 민족적 자부심이 대단히 큰 민족입니다. 이것은 지금이나 옛날이나 마찬가지입니다. 탈무드에 보면 어떤 랍비에게 제자가 "랍비님, 주님께서 왜 이방인들을 만드셨습니까?"라고 묻는 장면이 나옵니다. 이에 대한 랍비의 대답은 놀랍게도 "지옥의 불쏘시개로 쓰시기 위해서"였습니다. 이것은 두 가지를 보여줍니다. 한편으로는 유대인들이 얼마나 민족적 자부심이 강했는가 하는 것을 보여주기도 하고, 다른 한편으로는 유대인들이 얼마나 이방인들에게 고통을 많이 당했는가 하는 것을 보여주기도 합니다. 고통을 당했기 때문에 이방인들에 대한 증오가 그토록 컸던 것입니다.

그런데 유대인들이 자신들이 그토록 미워하는, 혹은 무시하는 이방인들의 언어로 자신들의 성경을 번역한다는 것은 상상하기 힘든 일입니다. 물론 헬라어로 성경을 번역하면 히브리어를 모르고 헬라어밖에 모르는 유대인들에게 성경을 읽게 만들어준다는 이점이 있기는 했지만, 이방 땅에 사는 유대인들이 성경을 알도록 하기 위해서라면 성경을 번역하는 것이 아니라 회당교육을 강화하는 방법을 사용했을 것입니다. 어차피 성경 히브리어는 유대인들에게도 일상용어가 아니라 따로 시간을 투자하여 배워야 하는 옛 언어였기 때문입니다.

하나님께서는 칠십인경의 번역을 위해 이방인의 왕을 사용하셨습니다. 이스라엘을 톨레미 왕국의 식민지가 되게 하셨고, 알렉산드리아에 고대 세계 최고의 도서관이 세워지도록 하셨습니다. 그리고 이 도서관을 위해 히브리어 성경이 헬라어로 번역되게 하셨습니다. 위에서 '아리스테아스의 편지'가 보여주듯이 유대인 학자들이 알렉산드리아에 오게 된 것은 왕의 편지가 있었기에 가능한 것이었습니다.

히브리어 성경을 헬라어로 번역하기 위해서는 세 가지 분야에 있어서 탁월한 능력을 갖추고 있어야 합니다. 첫째는 히브리어에 능통해야 합니다. 히브리어는 바벨론 포로기 이후에는 특별한 교육을 받은 사람들을 제외하고는 독해가 어려운 언어였습니다. 히브리어 성경을 번역하기 위해서는 우선 그

글을 능숙하게 읽을 수 있어야 했습니다. 둘째는 헬라어에 능통해야 합니다. 헬라어로 번역을 해야 했으므로 헬라어에 능통해야 한다는 것은 당연한 말입니다. 셋째는 신학에 능통해야 합니다. 성경을 번역하기 위해서는 성경이 의미하는 바가 무엇인지를 알아야 합니다. 그래야 정확한 용어를 선택할 수 있습니다. 물리학에 대해 전혀 모르는 사람이 영어 사전을 찾아가며 영어로 쓰인 물리학 원서를 번역을 할 수는 있을 것입니다. 하지만 물리학을 전공한 사람이 그 번역서를 읽는다면 그 내용을 이해하기가 힘들 것입니다. 성경도 마찬가지입니다. 신학적 지식이 없는 사람이 언어만 안다고 해서 그것을 헬라어로 번역을 한다면 그 내용은 엉뚱한 것이 되었을 것입니다.

히브리어 성경을 헬라어로 번역하려면 이와 같이 히브리어, 헬라어, 신학의 세 분야에 탁월한 지식을 갖추고 있어야 합니다. 그런데 그런 사람들이 실업자들이었겠습니까? 다들 이스라엘 사회에서 중요한 직책을 가지고 있었을 것입니다. 그리고 성경 전문가였던 그들은 히브리어 성경에 대해 자부심이 남달리 강하고, 그것을 이방인의 언어로 번역하는 것에 대해 반감을 가지고 있었을 가능성이 매우 높습니다. 알렉산드리아의 평민 유대인들이 아무리 헬라어 성경을 원했다고 해도 72명이나 되는 대학자들이 그들의 소원을 들어주었을 리가 없습니다. 또 그들이 승낙을 했다 해도 그런 사람들에게 지불

해야 할 비용은 상상을 초월할 정도로 많았을 것입니다.

그래서 하나님께서는 톨레미 왕을 사용하신 것입니다. 왕이 친히 편지를 보내어 그들을 초청합니다. 그러자 무려 72명이나 되는 당대 최고의 학자들이 한 자리에 모입니다. 모든 비용은 이방인의 왕이 지불하고 말입니다. 또 그들은 알렉산드리아에서 왕의 진미를 먹으며 최고의 대우를 받으며 지냅니다. 그렇기 때문에 그들은 혹시 개인적으로는 번역 작업에 대해 반대하는 의견을 가지고 있었을지 모르지만 칠십인경의 번역을 위해 온 정성을 기울이지 않을 수 없었습니다. 복음의 전파와 교회의 부흥을 위해 하나님께서는 최고의 학자들을 사용하셔서 가장 멋진 번역 성경이 세상에 나오도록 하신 것입니다.

알렉산드리아의 현황

당시 알렉산드리아는 이집트에서 가장 중요한 무역항이었습니다. 이집트는 지중해 연안 국가들 중 곡물 수출국으로 유명했습니다. 그리스 도시국가들이 해외 식민지를 개척한 이유도 사실 식량의 확보 때문이었습니다. 도시의 주민들을 먹여 살릴 만한 평야지대를 그리스 외부에서 찾아야 했던 것입니다. 그런 의미에서 이집트는 매우 중요한 곡창지대였고 나일 삼각주 바로 서쪽에 위치한 알렉산드리아 항구는 곡물 무역항으로서 번영을 누리고 있었습니다.

그리고 예나 지금이나 상업이 번창한 곳에는 유대인들이 있습니다. 알렉산드리아는 5개의 구(區)로 나뉘어 있었습니다. (참고로 서울에는 2013년 현재 25개의 자치구가 있습니다.) 그중 2개 구가 유대인들의 구였습니다. 외국에 있는 최대 무역항의 5분의 2를 유대인들이 장악하고 있었다는 것입니다.

알렉산드리아 유대인들의 필요

그것은 그들이 경제적으로 중요한 위치를 차지하고 있었다는 뜻입니다. 그리고 예나 지금이나 정치권력과 경제권력 사이에는 자연스럽게 결탁이 이루어지게 되어 있습니다. 톨레미 왕은 유대인들의 돈이 필요했고 유대인들은 왕의 비호를 받기를 원했을 것입니다. 알렉산드리아의 공용어는 헬라어였습니다. 그렇기 때문에 그곳에 있던 유대인들의 대부분은 고대 히브리어로 된 모세오경을 읽을 수 없었습니다. 그들은 자신들과 자녀들을 위해 헬라어 성경의 필요성을 느끼고 있었지만 위에서 설명한 여러 문제점들 때문에 질 좋은 헬라어 번역 성경의 탄생은 꿈도 못 꾸고 있었습니다. 그런데 톨레미 왕이 국고를 들여 모세오경을 헬라어로 번역해 준 것입니다. '아리스테아스의 편지'에 나오는 대로 알렉산드리아 유대인들은 70인경의 탄생을 매우 기쁘게 여겼습니다. 톨레미 왕이 이 일로 인해 유대인들의 환심을 사게 된 것입니다.

신약성경에 나타난 구약본문과 실제 구약본문 사이의 차이

자 이번에는 약간 어려운 이야기를 해 볼까 합니다. 독자들 중 신구약성경을 대조해 가며 자세하게 읽어보신 분들은 의문을 가진 적이 있을 것입니다. 그것은 뭐냐 하면 신약성경에 인용되어 있는 구약성경 구절과 실제 구약성경 구절이 왜 다르냐 하는 것입니다. 신약성경을 읽다가 그곳에서 구약의 구절이 인용된 것을 발견합니다. 관주성경에는 구약의 책 이름과 장절이 있기 때문에 구약성경의 해당 장절을 찾아갑니다. 그런데 그곳에 가 보면 어떤 때는 문자 그대로 똑같은 구절이 있지만 어떤 때는 거의 비슷하기는 하지만 약간 차이가 있는 것을 발견하게 됩니다.

그 이유는 무엇일까요? 아주 크게 보면 두 가지입니다. 첫 번째 경우는 신약을 기록한 분들이 아주 완벽한 문자적 인용에는 크게 관심을 기울이지 않은 경우입니다. 신약의 해당 문맥에 맞는 중요한 부분만 추려서 인용한 경우입니다. 이 경우 구약 구절 전체를 문자적으로 모두 신약에 가져오지는 않은 것을 보게 됩니다.

두 번째 경우는 사본상의 차이에 의한 것입니다. 이것은 신학교에서나 강의하는 내용이고 교회에서 특강을 할 때는 거의 언급하지 않는 부분입니다. 그러니까 별로 관심이 없으신 분들은 다음 항목으로 넘어가셔도 좋습니다. 성경을 전문으로 연구하는 학자들이 사본(manuscript)이라고 부르는 것이 있습니다. 그것은 손으로 베낀 성경을 말합니다. 지금처럼 인쇄기나 복사기가 없던 시절에는 책을 손으로 베껴서 읽었습니다.

그런데 사람이 눈으로 읽고 손으로 베껴서 복사본을 만들다 보면 조금씩 차이가 생기게 됩니다. 그런데 차이가 생긴 책을 또 다른 사람이 그대로 베끼게 되면 어떤 일정한 지역에 사는 사람들이 가진 성경책은 비슷한 특징들을 가지게 됩니다. 성경의 경우에는 아주 사소한 차이들이 나타나는 정도지만 하여튼 지역마다 사본들이 나름대로의 특성을 보이게 됩니다.

칠십인경이 번역될 당시부터 주후 1세기까지 히브리어 성경의 사본에는 대략 세 종류가 있었습니다. 하나는 알렉산드리아 사본이라고 하는 것입니다. 이것이 칠십인경의 모체가 되었습니다. 그리고 둘째는 사마리아 사본이라고 하는 것입니다. 이것은 사마리아 사람들이 보존하고 있던 것으로서 모세오경만을 포함하고 있습니다. 사마리아 사본에 대해서는 앞에서 설명한 바가 있습니다. 그리고 세 번째는 바벨론 포로기 동안 보존해 오다가 귀환 때 가지고 온 것으로 바벨론 사본이라고 부르는 것입니다.

칠십인경은 알렉산드리아에서 번역되었고 따라서 자연스럽게 이 세 종류의 사본들 중 알렉산드리아 사본을 원본으로 하여 번역되었습니다. 칠십인경이 처음 나왔을 때 위의 '아리스테아스의 편지' 인용문에서 보는 것처럼 대부분의 유대인들은 그것을 반겼습니다. 하지만 나중에 기독교가 부흥한 이후에는 사정이 바뀌었습니다. 유대인들이 70인경을 싫어하게 된 것입니다. 그 이유는 무엇이었을까요? 왜 자신들이 좋아하던 성경 번역본을 싫어하게 되었을까요? 왜냐하면 기독교인들이 예수님이 메시야이심을 증명하기 위해 70인경을 사용했기 때문입니다. 교회가 70인경을 사랑하게 되자 유대인들은 70인경은 기독교인들의 성경이라는 인식을 갖게 되었습니다.

그래서 유대인들은 자신들 나름대로의 헬라어 성경을 만들기로 결정했습니다. 그런데 그 당시 원본으로 삼을 히브리어 사본에는 위에서 설명한 것처럼 세 종류가 있었습니다. 즉 알렉산드리아 사본과 사마리아 사본 그리고 바벨론 사본입니다. 그런데 알렉산드리아 사본을 번역할 수는 없습니다. 왜냐하면 그럴 경우 70인경과 내용이 갖게 되기 때문입니다. 하지만 사마리아 사본을 번역할 수는 없습니다. 왜냐하면 유대인들은 사마리아인들을 싫어했기 때문입니다. 또 사마리아 사본은 오직 모세오경만을 포함하고 있었기 때문에 헬라어 성경의 원본으로 적절하지 않았습니다. 그래서 그들은 바벨론 사본을 번역하기로 결정했습니다.

그 결과 유대인들은 2세기 말 이후부터 바벨론 사본을 기초로 번역한 헬라어 성경을 소유하게 되었습니다. 아퀼라 역본,

세오도션 역본, 그리고 심마쿠스 역본 등이 그것입니다. 그리고 주후 500년경부터 1,000년경까지 바벨론 사본을 연구한 학자들이 있는데 우리는 그들을 맛소라 학파라고 부릅니다. 그들은 바벨론 사본을 소중하게 관리하고 우리에게 전수해 주었습니다. 그들이 전수해 온 히브리어 구약성경 사본을 맛소라 사본이라고 부릅니다. 현재 전세계의 거의 모든 성서공회들은 맛소라 사본을 자신들의 언어로 번역하여 사용하고 있습니다.

이것이 바로 신약성경에 등장하는 구약성경 구절과 구약성경 자체의 구절이 조금씩 차이가 나는 이유입니다. 신약성경에 등장하는 구약성경은 많은 경우에 70인경의 인용입니다. 그런데 70인경의 모체가 된 히브리어 성경은 알렉산드리아 사본입니다. 그리고 우리가 읽고 있는 현대어 구약성경의 모체는 맛소라 사본입니다. 그런데 맛소라 사본은 바벨론 사본을 기초로 하고 있습니다. 하지만 어떤 사본이건 성경을 필사하고 전해주었던 사람들은 극도의 노력을 기울여 원문을 훼손하지 않으려 노력했기 때문에 역본들 사이의 차이는 교리적으로는 무시해도 좋을 정도로 아주 미미합니다.

토라(Torah)의 구분

앞에서 주전 250년경에 알렉산드리아에서 구약성경 중 먼저 토라가 번역되었다고 했습니다. 그런데 유대인들 사이에서 '토라'라는 용어는 네 가지 다른 의미로 사용되어 왔습니다. 먼저 가장 좁은 의미의 토라는 모세오경 즉 창세기, 출애굽기, 레위기, 민수기, 신명기를 말합니다. 그리고 두 번째 의미의 토라는 지금 우리가 가지고 있는 구약성경 전체를 말합니다. 세 번째 의미의 토라는 구약성경과 탈무드를 합한 것을 말합니다. 그리고 네 번째 가장 넓은 의미의 토라는 유대교의 모든 종교서적을 말합니다. 여기에는 유대교의 주석서인 미드라쉬 등이 포함되어 있습니다.

그런데 이 네 가지 용법들 중 가장 자주 사용되는 것은 첫 번째와 두 번째 즉 모세오경 혹은 구약성경 전체로서의 용법입니다. 이 두 가지 용법은 자주 혼동되었습니다. 누군가가 아무 설명 없이 토라라고 하면 그것이 모세오경을 뜻하는 것인지 아니면 구약성경 전체를 의미하는 것인지 자주 혼란스러웠습니다. 그렇기 때문에 유대인들은 구약성경 전체를 가리키는 용어를 따로 만들어내기로 했습니다. 그래서 그들이 만들어낸 용어가 '타나크'(Tanakh)라는 것입니다. 이것은 '토라'(모세오경)와 '네비임'(선지자들이라는 뜻), 그리고 '케투빔'(쓰여진 것들, 즉 성문서라는 뜻)이라는 용어의 첫 자음들을 합한 후(T, N, KH), 그 사이에 모음 '에이'를 집어넣은 것입니다(TANAKh).

참고로 유대인들과 대화를 할 때는 구약성경을 영어로 Old

Testament라고 해서는 안 됩니다. 왜냐하면 그들은 메시아가 아직 오시지 않았다고 믿고 있기 때문에 구약이라는 용어를 아주 싫어하기 때문입니다. 유대인들과 대화할 때는 구약을 '타나크'라고 불러주어야 합니다.

칠십인경과 탈굼(Targum)

70인경은 히브리어 성경을 헬라어로 번역한 것입니다. 하지만 그 이전에 히브리어 성경을 다른 언어로 번역한 경우가 또 있었습니다. 그것은 히브리어 성경을 바벨론 아람어로 번역했던 경우입니다. 우리는 그 번역서를 탈굼(Targum)이라고 부릅니다. 탈굼은 이스라엘 백성들이 바벨론 포로로 끌려갔을 때 만들어진 것입니다. 유대인들은 바벨론에서 종살이를 했기 때문에 학교가 없었습니다. 또 성경을 연구할 만한 충분한 시간도 없었습니다.

글을 아는 유대인들은 자신이 사는 마을의 유대인 후손들이 하나님의 말씀을 제대로 배우지 못하는 것을 안타깝게 여겼습니다. 그래서 그들은 히브리어 성경을 바벨론 아람어로 직접 번역하기 시작했습니다. 하지만 히브리어에서 아람어로 문자적인 번역을 한다면, 후손들이 그것을 읽고 제대로 이해할 수가 없는 상황이었습니다. 왜냐하면 성경은 무척 어려운데, 읽다가 모르는 내용이 나왔을 경우 그것을 물어볼 만한 선생님도 학교도 없었기 때문입니다. 모두가 종살이를 하는 상황이었기 때문입니다.

그렇기 때문에 유대인들은 틈틈이 시간을 내어 성경을 번역할 때 아예 그 내용에 대한 해설을 곁들여 넣어가며 번역을 했습니다. 이를테면 "다윗이 사울을 두려워하여 블레셋 땅으로 도망하였다"라는 문장이 있다고 해 보겠습니다. 이것은 이미 성경을 알고 있던 사람들에게는 쉬운 문장이지만 바벨론에서 태어나서 자란 사람들에게는 너무 어렵습니다. 그들은 다윗이 누구인지, 사울이 누구인지, 또 블레셋이 어떤 곳인지 알 수가 없었습니다. 그래서 유대인 아버지들은 다음과 같이 번역을 했습니다. "이스라엘의 두 번째 왕이었던 다윗이 아직 왕이 되지 못하였을 때, 첫 번째 왕이었던 사울이 그를 시기하여 핍박하였다. 그래서 다윗은 이스라엘 서쪽에 있던 적국인 블레셋 땅으로 도망을 하였다." 이렇게 번역을 하면 대략적인 설명이 본문 중에 모두 들어가 있기 때문에 그것을 읽는 자녀들은 별도의 선생님이나 학교가 없어도 그 내용을 이해할 수 있습니다.

이런 번역은 대개 개인적으로 이루어진 작업이었기 때문에 구약성경 전체를 번역할 수는 없었습니다. 각 지역의 아버지들은 자신이 필요하다고 생각하는 부분을 번역했습니다. 그리고 나중에 유대인들의 상황이 호전되었을 때, 어떤 학자들은 곳곳에 흩어져 있던 이런 종류의 번역들을 수집했습니다. 그리고 그것들을 편집하여 세상에 내놓았는데 그것을 우리는 탈굼이라고 부릅니다.

탈굼에는 사람 이름이 따라붙는데 그것은 수집, 편집한 사람의 이름입니다. 번역자는 익명이기 때문에 알 수가 없습니다. 탈굼 옹켈로스, 탈굼 요나단이라는 것은 옹켈로스와 요나단이라는 사람이 각각 수집, 편집한 탈굼을 말합니다. 탈굼 옹켈로스는 후대에 만들어진 것이기 때문에 비교적 문자적인 번역이 이루어진 것을 볼 수 있습니다. 탈굼이 70인경보다 먼저 세상에 나오기는 했지만 탈굼들은 대개 위에서 보는 것처럼 해설을 섞어서 길게 번역을 했기 때문에 그것을 최초의 외국어 번역 성경이라고 부르지는 않습니다. 히브리어 성경의 최초의 외국어 번역서라는 명칭은 70인경이 가지고 있습니다.

70인경과 탈굼(Targum)을 간단하게 표로 비교해 보겠습니다.

	70인경	탈굼
언어	히브리어 → 헬라어	히브리어 → 아람어
배경국가	톨레미왕조	바벨론 지역
유대인들의 상황	대체로 유복	초기에는 어려움
문체	문자적 번역, 직역	대체로 의역

정경(canon)과 위경(pseudepigrapha)

성경과 관련된 세 가지 용어들을 설명하도록 하겠습니다. 그것은 정경(正經, canon), 외경(外經, apocrypha) 그리고 위경(僞經, pseudepigrapha)이라는 용어들입니다. 위경은 가경(假經)이라고도 합니다.

정경은 비교적 간단합니다. 우리가 가지고 있는 66권 성경을 외경 혹은 위경과 대조하여 권위 있는 하나님의 참된 말씀이라고 지칭할 때 정경이라고 합니다. 그리고 위경 혹은 가경은 그 책의 저자와 관련되어 있습니다. 즉 그 책이 스스로 주장하는 저자와 실제 저자가 다를 경우, 그 책을 우리는 위경 혹은 가경이라고 합니다. 이를테면 '베드로묵시록' 혹은 '베드로행전'이라는 책들이 있습니다. 그것들은 베드로가 지었다고 본문에서 주장하고 있지만, 사실은 나중에 다른 사람에 의해 쓰여진 책들입니다. 베드로라는 이름은 책의 신뢰성을 높이기 위해 가짜로 붙인 것입니다. 이런 것을 위경이라고 합니다.

하지만 성경시대 이후에 쓰인 책이라고 해서 다 가경은 아닙니다. 이를테면 '헤르마스의 목자'(Pastor Hermae)라는 책이 있습니다. 사도들 다음 세대의 제자들을 속사도라고 부르는데 헤르마스가 그들 중 하나입니다. 이 책은 그 사람이 쓴 책입니다. 그러므로 '헤르마스의 목자'는 정경은 아니지만 또 가경도 아닙니다. 왜냐하면 정말 헤르마스가 썼기 때문입니다. 이제

외경에 대해서 설명하도록 하겠습니다.

정경(canon)과 외경(apocrypha):
라틴 벌게이트(Latina Vulgata)역의 등장

주전 250년경에 70인경이 처음 번역되었을 때 구약성경 전체가 번역된 것이 아니라 모세오경만이 번역되었습니다. 그리고 그 후 백여 년에 걸쳐서 나머지 책들이 번역되었습니다. 그런데 그때 성경만 번역된 것이 아니라 그 당시 널리 읽혀지고 있던 경건서적들이 함께 번역되어 칠십인경 속에 편집되어 들어갔습니다.

이것은 유대인들에게 혼란을 야기했습니다. 성경에 대해서 잘 모르던 사람들은 한 성경책 속에 함께 편집되어 있기 때문에 경건서적들이 원래 성경이었던 것으로 오해를 했습니다. 그리고 학자들의 경우에도 오해가 발생했습니다. 즉 그들은 경건서적들은 성경이 아니라는 것을 알고 있었지만 그래도 성경과 함께 편집되어 묶여진 경건서적들은 따로 돌아다니고 있는 다른 경건서적들과는 영적인 권위가 다른 책이라는 생각을 갖게 되었습니다.

그러다가 나중에 로마에서 흥미로운 상황이 발생합니다. 그리스와 로마 사이의 경쟁관계가 있었다는 것은 앞에서 설명한 바와 같습니다. 그리스는 자신들이 모든 문화에 있어서 로마보다 앞서기 때문에 자신들이 우월하다고 생각했고, 로마인들은 군사적으로 그리스를 지배하고 있었기 때문에 자신들이 더 우월하다고 생각했습니다. 그런데 주후 4세기에 중요한 사건들이 로마에서 발생했습니다.

〈밀라노 칙령〉 우선 AD 313년에 콘스탄틴 대제가 밀라노 칙령을 반포한 것입니다. 밀라노 칙령이란 기독교인들이 자유롭게 하나님을 섬길 수 있도록 자유를 준 것입니다. 그런데 흥미롭게도 밀라노 칙령 차체에는 기독교에 대한 편애는 등장하지 않습니다. 그냥 보편적으로 로마의 모든 시민들은 선량한 범위 내에서 자신들의 종교를 선택할 수 있고 로마는 거기에 대해서 간섭해서는 안 된다고 하는 내용입니다. 하지만 콘스탄틴 황제 자신이 기독교로 개종을 하고 황제가 된 후에 이 칙령을 발표했기 때문에 로마의 모든 사람들은 밀라노 칙령이 기독교인들의 종교의 자유를 위해서 반포되었다는 사실을 잘 알고 있었습니다.

〈기독교의 국교화〉 그러다가 주후 392년이 되면 테오도시우스 황제에 의해 기독교가 로마의 국교로 선포됩니다. 주후 313년과 392년 사이에 기독교의 위치는 로마 제국 내에서 조금씩 성장해 왔습니다. 그러다가 392년에 기독교가 로마의 국교가 됨으로써 기독교의 위치가 확고해졌습니다. 313년 이전에는 기독교인들은 잘못하면 신앙 때문에 생명과 재산을 잃을 수 있었습니다. 하지만 313년부터 392년 사이에는 마음껏 하나님을 섬길 수 있었습니다. 그런데 392년 이후에는 기독교인이 아니면 출세를 할 수가 없었습니다. 왜냐하면 공무원이 되기 위해서는 교회에서 정식으로 발행한 세례증서가 있어야 했기 때문입니다.

〈라틴어 성경의 탄생〉 그런데 그 다음에 묘한 상황이 발생합니다. 기독교가 로마의 국교가 되었는데 기독교의 경전이 모두 그리스의 언어인 헬라어로 기록되어 있는 것입니다. 신약은 처음부터 헬라어로 기록되었고 구약도 헬라어로 번역된 70인경이 사용되고 있었습니다. 이것은 로마 사람들로서는 대단히 자존심이 상하는 일이었습니다. 그래서 로마 사람들은 성경을 로마의 언어인 라틴어로 번역하기로 결정했습니다. 그 때 로마의 대주교는 다마수스 1세(Damasus I)였습니다. 참고로 로마 대주교를 교황이라고 부른 것은 흔히 대그레고리라 불리는 그레고리 1세(Gregory the Great 1; A.540-604) 때부터입니다. 그 이전의 사람들은 그냥 로마 대주교라고 불렸습니다.

다마수스 1세는 이 사업을 제롬(Jerome, 라틴어 이름은 Hieronymus였다. A.345? - 419?)에게 맡깁니다. 그런데 이 과정에서 문제가 발생했습니다. 대학자였던 제롬은 원래의 구약성경과 나중에 거기에 첨가된 경건서적들을 구별하고 있었습니다. 그렇기 때문에 이 경건서적들을 제외하고 나머지 진짜 구약성경만을 라틴어로 번역하기를 원했습니다.

하지만 그렇게 할 경우 그것은 당시 기독교인들에게 커다란 충격을 줄 수 있었습니다. 그것은 단순한 성경 번역의 문제가 아니라 사회적인 문제와 연결되어 있었습니다. 왜냐하면 주후 313년 이전까지 로마 제국에는 많은 순교자들이 있었기 때문입니다. 순교자들은 대개 성경말씀 중 한 구절을 붙들고 죽었습니다. 아마도 "죽으면 죽으리이다"(에 4:16)라는 말씀이나 "네가 죽도록 충성하라 그리하면 내가 생명의 관을 네게 주리라"(계 2:10)와 같은 말씀들을 붙들었을 것입니다.

그런데 순교자들 중 어떤 이들은 정경의 구절이 아니라 나중에 추가된 경건서적의 한 구절을 붙들고 순교했던 것입니다. 왜냐하면 많은 사람들이 그런 책들을 성경이라고 알고 있었기 때문입니다. 그런데 만약 제롬이 경건서적들을 모두 제외하고 순수한 정경들만을 라틴어로 번역해서 사람들에게 제시한다면, 성경 이외의 책의 구절들을 붙들고 순교한 사람들의 후손들은 큰 충격을 받게 될 것입니다.

다마수스 대주교와 제롬은 이 위험성을 잘 알고 있었습니다. 그렇기 때문에 성경을 번역할 때 정경만이 아니라 나중에 추가된 책들도 함께 번역하기로 마음먹었습니다. 그렇게 해서 나온 성경이 라틴 벌게이트(Latin Vulgate, 라틴어로는 Latina Vulgata)역입니다. 거기에는 성경 66권뿐만 아니라 나중에 첨가된 경건서적들도 포함되어 있습니다. 우리는 나중에 첨부된 그 책들을 외경이라고 부릅니다.

〈종교개혁과 성경〉 시간이 흘러서 1517년에 종교개혁이 발생했습니다. 마틴 루터가 종교개혁을 일으킨 후 제일 먼저 했던 일 중 하나는 성경을 독일어로 번역하는 것이었습니다. 그는 훌륭한 학자였기 때문에 하나님의 말씀인 정경과 인간의 책인 외경을 엄격하게 구분했습니다. 그리고 외경들을 모두 제거하고 원래의 성경 66권만을 성경으로 인정했습니다. 왜냐하면 그렇게 한다 하더라도 제롬과 다마수스 당시처럼 그 일 때문에 상처를 받을 순교자의 자손들은 없었기 때문입니다. 그래서 원래의 성경이 독일어로 번역되었고, 종교개혁자들 덕분에 우리는 지금 원래의 순수한 하나님의 말씀인 66권만을 정경으로 가지게 된 것입니다.

참고로 '라틴 벌게이트'에서 '벌게이트'(vulgate)는 '일반적인, 통속적인'이라는 뜻입니다. 즉 고위층들이 사용하는 어려운 라틴어가 아니라 일반인들이 통속적으로 사용하는 쉬운 라틴어라는 뜻입니다. 이것은 신약성경이 어려운 '헬레니스틱 그릭'(Hellenistic Greek)이 아니라 일반인들의 '코이네 그릭'(Koine Greek)으로 기록된 것과 그 정신이 같은 것입니다.

칠십인경에 대해 설명하다가 다른 설명들이 길어졌습니다. 하지만 이렇게 연관된 것들은 한꺼번에 살펴보는 것이 이해하기에 편합니다. 이제 다음으로 넘어가도록 하겠습니다.

셀류키드 왕조의 유대인 핍박

주전 198년경에 셀류키드 왕조의 안티오쿠스 3세(Antiocus III)가 톨레미 왕조의 영토를 침공했습니다. 상당히 깊이까지 쳐들어갔지만 톨레미 왕조도 만만한 나라가 아니었습니다. 톨레미 왕조는 이들을 퇴각시켜 버렸습니다. 하지만 아쉽게도 옛 국경을 모두 회복시키지는 못하고 이집트 본토만을 되찾았습니다. 그 결과 유대인들이 살던 팔레스타인 지역만이 갑자기 주인이 바뀌게 되었습니다. 즉 톨레미 왕조에서 셀류키드 왕조로 지배자가 바뀌게 된 것입니다.

셀류키드 왕조는 유대인들을 몹시 핍박했습니다. 특히 안티오쿠스 4세(주전 175-164) 때 엄청난 박해가 발생했습니다. 박해의 원인은 셀류키드 왕조가 헬라 종교를 유대인들에게 강요했기 때문입니다. 셀류키드 왕조는 나라를 강하게 만드는 과정에서 정신적인 통일을 강조했습니다. 그래서 그들은 헬라 종교를 자신들의 종교로 삼고 그것을 통해 국가의 정체성을 강화하려고 했습니다. 그런데 그것을 피정복민인 유대인들에게도 강요한 것입니다. 안티오쿠스가 유대인들을 괴롭힌 모습은 그가 보낸 칙서에 잘 나타나 있습니다.

> "⁴⁴ 임금은 사신들을 보내어 예루살렘과 유다의 성읍들에 이러한 칙서를 내렸다. 유다인들이 자기 고장에 낯선 관습을 따르게 할 것.
> ⁴⁵ 성소에서 번제물과 희생 제물과 제주를 바치지 못하게 하고, 안식일과 축제를 더럽힐 것.
> ⁴⁶ 성소와 성직자들을 모독할 것.
> ⁴⁷ 이교 제단과 신전과 우상을 만들고, 돼지와 부정한 짐승을 희생 제물로 바칠 것.
> ⁴⁸ 그들의 아들들을 할례 받지 못하게 하고, 온갖 부정한 것과 속된 것으로 그들 자신을 혐오스럽게 만들도록 할 것.
> ⁴⁹ 그리하여 율법을 잊고 모든 규정을 바꾸게 할 것.
> ⁵⁰ 임금의 말대로 하지 않는 자는 사형에 처할 것."(마카베오상 1:44-50. '가톨릭성경'에서 인용)

그들이 반항적인 유대인들을 가려내는 방법은 간단했습니다. 유대인들은 돼지고기를 먹지 않습니다. 그렇기 때문에 셀류키드 왕조의 사람들은 돼지고기를 썰어 놓은 그릇을 들고 거리에 나타나 사람들을 줄을 세운 후 돼지고기를 강제로 먹게 만듭니다. 먹으면 통과시키고 안 먹으면 그 자리에서 죽이는 겁니다. 마카비2서 7장에는 유대인 어머니와 일곱 명의 아들이 끔찍한 고문을 받으면서 순교하는 모습이 그려져 있습니다. 유대인 아기들에 대한 할례도 금지했는데 자신의 아기에게 할례를 행한 어머니들은 왕명에 따라 사형에 처해졌고, 그 젖먹이들은 어머니의 목에 매달아 죽였습니다(마카비1서 1:60, 61).

이런 박해의 주역이었던 안티오쿠스 4세는 주전 175년경부터 유대를 지배했습니다. 그는 자신을 '신의 현현'이라는 뜻의 '에피파네스'(Epiphanes)라고 불렀습니다. 하지만 사람들은 그의 이름에서 자음 한 개를 바꾸어서 그를 '에피마네스'(Epimanes)라고 불렀습니다. '에피마네스'는 '미친 놈'이라는 뜻입니다.

셀류키드 왕조의 박해와 제사장들의 부패

셀류키드 왕조는 유대인들에게 강제로 돼지고기를 먹이는 것 외에도 다양한 방법으로 유대인들을 핍박하고 괴롭혔습니다. 그들은 거룩한 하나님의 성전에 헬라의 여러 신상들을 세우고 돼지고기로 제사를 실시해 유대인들을 분노하게 만들었습니다.

〈짐나지움과 유대 제사장들의 타락〉 또 그들은 예루살렘에 짐나지움(gymnasium)을 세웠습니다(마카비1서 1:14). 짐나지움은 체육활동을 하던 곳입니다. 이것이 왜 문제가 되었느냐 하면 헬라인들에게 짐나지움은 단순히 운동만을 위한 곳이 아니었기 때문입니다. 그리스의 올림픽은 우리가 잘 아는 대로 단순한 체육행사가 아니라 올림푸스 산에 있는 신들을 섬기기 위한 종교행사였습니다. 그것의 연장이 바로 짐나지움입니다. 짐나지움에는 여러 신상들이 세워졌습니다.

그런데 짐나지움에 자주 출입했던 사람들 가운데는 젊은 제사장들이 있었습니다. 이들은 톨레미 왕조의 지배를 받던 시절에 사회지도층을 형성했던 사람들 혹은 그들의 아들들이었습니다. 그들은 톨레미 왕조와의 좋은 관계를 통해 자신들의 지도적 위치를 유지해 왔습니다. 그런데 이제 나라의 주인이 새로이 바뀐 것입니다. 그들에게는 새로운 지도층과 연결될 수 있는 끈이 필요했습니다. 그 끈을 찾을 수 있는 연결 장소가 바로 짐나지움이었습니다.

짐나지움의 이런 사회적 역할에 대해서는 오늘날의 골프장을 생각하시면 됩니다. 골프장은 일차적으로는 체육활동을 하는 곳입니다. 하지만 사실 많은 사람들은 그곳을 사교장으로 활용합니다. 당시에 짐나지움이 그런 역할을 했습니다. 젊은 제사장들은 짐나지움에서 운동을 하면서 셀류키드 왕조의 사람들과의 만남의 기회를 가졌던 것입니다.

그런데 제사장들이 그곳에서 운동을 하는 것이 문제가 되었던 것은 그들이 짐나지움에서 운동을 할 때 나체로 운동을 했기 때문입니다. 요즘 올림픽을 할 때 텔레비전에서 고대 그리스인들이 운동하던 모습을 그린 그림들을 가끔 보여줍니다. 거기에는 두 가지 특징이 있습니다. 첫째는 모두가 남자라는 것이고, 둘째는 모두가 나체라는 것입니다. 그리스 사람들이 나체로 운동을 했던 이유는 올림픽을 할 때 그것이 제사의 성격을 지니고 있었기 때문입니다. 무슨 말인가 하면 그것은 단순한 체육행사가 아니라 제사였기 때문에 올림픽 기간 중에는 여인들이 올림푸스 산에 오르는 것이 금지되었습니다. 올림픽 기간 중에는 올림푸스 산 밑에 줄을 치고 여인들의 출입을 엄격하게 통제했습니다. 그렇기 때문에 관중도 출전하는 선수들도 모두 남자였습니다. 그래서 선수들이 모두 나체일 수 있었던 것입니다.

고대의 유대인들은 원래 속옷을 입지 않았습니다. 우리가 볼 때는 이상한 이야기처럼 들리지만 그것은 유대인들만의 풍습은 아니었습니다. 스코틀랜드 남자들도 얼마 전까지만 해도 체크무늬로 된 치마 모양의 킬트 속에 아무 것도 입지 않았었습니다. 유대인들은 보통 두 가지 옷을 입었습니다. 속에는 보통 튜닉(tunic)이라고 부르는 옷을 입었는데, 통으로 짠 옷입니다. 예수님의 옷들 중 군병들이 제비 뽑아 가졌다는 옷이 바로 이것입니다(요 19:24). 그 옷은 어깨부터 무릎 정도까지 내려오고 위쪽에는 머리와 두 팔을 위한 구멍이 뚫려 있었습니다. 유대인 남자들은 그 위에다 겉옷을 입었습니다. 겉옷은 사각형의 담요 모양의 천으로서 밤에는 이불의 역할을 하기도 했습니다. 이것이 일반적인 유대인 남자들의 옷이었습니다. 하지만 하나님께서는 제사장들에게는 특별히 속옷을 입도록 명령하셨습니다.

"또 그들을 위하여 베로 속바지를 만들어 허리에서부터 두 넓적다리까지 이르게 하여 하체를 가리게 하라 아론과 그의 아들들이 회막에 들어갈 때에나 제단에 가까이 하여 거룩한 곳에서 섬길 때에 그것들을 입어야 죄를 짊어진 채 죽지 아니하리니 그와 그의 후손이 영원히 지킬 규례니라"(출 28:42, 43)

하나님께서 이런 계명을 주신 이유는 제사장들은 특별히 거룩한 사람들이었기 때문입니다. 그런데 그 제사장들이 출세를 하기 위해 짐나지움에서 이방인들과 함께 벌거벗고 운동을 했던 것입니다. 이것은 경건한 유대인들을 대단히 분노하게 만들었습니다. 그래서 결국 저항운동이 터졌습니다.

마카비 전쟁(Maccabean war)과 하스모니안(Hasmonean) 왕조

마카비 전쟁(Maccabean war)의 발발

마카비 전쟁은 주전 167년, 예루살렘 북서부에 위치한 '모데인'이라는 한 작은 산촌에서 시작되었습니다. 셀류키드 왕조의 사람들은 돼지고기를 가지고 각 마을을 돌면서 사람들에게 그것을 강제로 먹이는 일을 했습니다. 어느 날 그들이 모데인에 도착했습니다. 그들은 마을 사람들을 모으고 그들에게도 강제로 돼지고기를 먹이려 했습니다. 그런데 그곳에는 경건하고 연로한 제사장인 맛다디아라는 사람이 있었습니다. 그는 그 광경을 보고 분노했습니다. 그래서 아들들과 함께 무기를 가지고 가서 강제로 돼지고기를 먹이려 했던 셀류키드의 앞잡이들을 모두 죽여 버렸습니다.

그런데 만약 이 소식이 산 아래의 셀류키드 군대에게 전해지면 큰 일이 날 것이 뻔합니다. 군인들이 몰려와서 모데인을 쑥밭으로 만들어 버릴 것입니다. 그렇게 때문에 맛다디아는 마을 사람들과 함께 산속 깊은 곳으로 피신을 했습니다. 그리고 다른 곳의 유대인들에게 다음과 같은 유명한 말을 남깁니다: "누구든지 하나님과 율법에 대해 열심이 있는 자들은 나를 따르라."

이 말을 전해들은 많은 유대인들이 맛다디아에게로 몰려들었습니다. 그들은 헬라 정규군을 상대로 성공적인 전투를 벌였습니다. 모든 유대인들이 열심히 싸웠지만 그들 중에서도 맛다디아의 다섯 아들들(요하난, 시몬, 유다, 엘아자르, 요나단)이 아주 뛰어났습니다. 맛다디아의 아들들이 얼마나 헌신적으로 싸웠는지를 잘 보여주는 이야기가 있습니다. 셀류키드군이 코끼리들을 이끌고 같습니다. 당시에 코끼리는 탱크와 같은 역할을 했습니다. 코끼리들을 본 유대인들은 기가 죽었습니다. 그런데 그때 총사령관인 유다의 형제였던, 하우아란이라고도 하는 엘아자르가 가장 큰 대장 코끼리에게 달려가서 그 코끼리 목을 창으로 찔러 죽였습니다. 하지만 그 자신도 그 코끼리 밑에 깔려서 죽고 말았습니다(마카비1서 6:43-46).

  맛다디아의 아들들 중 가장 유명한 사람은 유다 마카비였습니다. 유다가 이름이고 마카비는 별명입니다. '마카비'는 아람어로 망치 혹은 해머라는 뜻입니다. 그가 얼마나 싸움을 잘 했던지 그의 공격은 해머로 내리치는 것과 같았습니다. 그래서 그를 마카비라고 불렀는데 나중에는 그 전쟁의 이름 자체가 아예 마카비 전쟁이 되었습니다.

하스모니안(Hasmonean) 왕조의 성립과 수전절 축제

  마카비 전쟁의 성공으로 맛다디아의 자손들로 이루어진 왕조가 형성되었습니다. 그것이 유대인들의 마지막 독립왕조인

하스모니안 왕조입니다. 하스모니안은 맛다디아 집안의 이름입니다. 유대인들은 주전 164년에 성전을 탈환했습니다. 그들은 성전에 세워졌던 이방신의 조각상들을 부수고, 돼지 피로 더럽혀진 제단을 헐어버렸습니다. 그리고 다듬지 않은 돌로 제단을 다시 쌓고 성전을 재봉헌했습니다(마카비1서 4:44-47).

그런데 유대인들에게는 한 가지 습관이 있었습니다. 즉 적당히 즐거운 일을 당하면 그 때만 즐기고 말지만 정말로 크게 즐거운 일을 당하면 '우리 이렇게 매년 즐거워하자'하고 그 날을 매년 지키는 절기로 만들어 버리는 것입니다. 에스더서에 나오는 부림절이 그 한 예입니다. 유대인들은 성전을 탈환하여 깨끗하게 하고 하나님께 다시 봉헌하여 드린 이 날을 절기로 만들었습니다. 그것이 바로 수전절(修殿節)입니다. 성전을 깨끗하게 닦아서 하나님께 바쳤다고 하여 한자로는 '닦을 수, 큰집 전' 자를 사용하고, 영어로는 '봉헌의 축제'라는 뜻으로 'the festival of the Dedication'이라고 부릅니다. 그리고 유대인들의 용어로는 이 축제를 '하누카'라고 하는데 '빛의 축제'라는 뜻입니다. 하누카는 유대인들의 달력으로 9월 25일에 시작되어 8일 동안 계속되는데 양력으로는 12월 초입니다. 지금도 유대인들은 이 하누카 축제를 중요하게 생각하고 매년 즐기고 있습니다. 미국에서는 하누카가 되면 대통령이 직접 유대인들에게 축하의 메시지를 보냅니다.

하누카를 이렇게 자세하게 설명하는 이유는 그것이 신약성경에 등장하기 때문입니다. 요한복음 10:22에 "예루살렘에 수전절이 이르니 때는 겨울이라"라는 말씀이 있는데 여기서 말하는 수전절이 바로 이 하누카입니다. 신약성경에 등장하는 절기들 중에서 구약성경에서 그 유래를 찾을 수 없는 유일한 절기가 바로 수전절입니다. 이를테면 유월절에 대해 알려면 출애굽기를 보면 됩니다. 또 부림절에 대해 알려면 에스더서를 보면 됩니다. 하지만 수전절은 구약성경 어디에도 설명이 나오지 않습니다. 왜냐하면 신구약 중간기 시대에 생긴 절기이기 때문입니다.

유대인들의 전통적인 램프를 '메노라'라고 부릅니다. 거기에는 보통 7개의 가지가 있습니다. 가운데 가지가 하나 있고 양옆으로 세 개씩 가지가 있어서 모두 일곱입니다. 그런데 유대인들은 수전절에는 아주 특별한 램프를 사용합니다. 그것을 '하누카 램프'라고 하는데 거기에는 일곱 개가 아니라 아홉 개의 가지가 있습니다. 램프 모양이 그렇게 된 데에는 두 가지 설명이 있습니다. 하나는 아주 간단한 것입니다. 즉 하누카는 매우 즐거운 축제였기 때문에 밤을 더 환하게 밝히고 즐기기 위해 램프 가지의 수를 두 개 더 늘렸다는 것입니다.

하지만 또 다른 설명이 있습니다. 그것은 유대인들이 성전을 탈환했을 때의 전설과 연관되어 있습니다. 그들이 성전에 왔을 때 성전을 밝힐 성스러운 기름이 하루치밖에 남아 있지 않았다고 합니다. 그런데 성전에서 사용하는 성유는 만들기가 무척 까다로워서 제작에 여러 날이 소요된다고 합니다. 그런데 하루치밖에 남아 있지 않던 성전 램프가 기름이 만들어지기까지 무려 8일 동안이나 잘 타올랐다고 합니다. 그래서 유대인들은 하누카 축제를 팔 일 동안 지키고, 하누카 램프도 중앙의 기본적인 한 개의 가지에다가 여덟 개의 가지를 달아서 모두 아홉 개가 되었다고 합니다. 유대인들은 하누카 첫 날에는 중앙의 기본적인 가지와 다른 한 가지에 불을 붙입니다. 그리고 둘째 날에는 불 한 개를 추가합니다. 그래서 마지막 여덟째 날이 되면 아홉 개의 가지가 모두 환하게 빛나도록 합니다.

하스모니안 왕조의 범죄 1: 이두메 침공

하스모니안 왕조는 유대인들의 전폭적인 지지를 받으며 통치를 시작했습니다. 하지만 절대 권력은 절대 부패하는 법입니다. 하스모니안 왕조는 두 가지의 커다란 범죄를 저지릅니다.

첫째는 이두메 지역에 대한 불법적인 침공입니다. 이두메 지역이란 구약 시대의 에돔 지역을 말합니다. 참고로 구약시대에 요단강 동편에는 암몬 족속이 있었고, 사해바다 동편에는 모압 족속이, 그리고 그 아래쪽에는 에돔 족속이 있었습니다. 마카비 전쟁의 대의명분은 하나님께서 조상들에게 주신 옛 영토를 회복함으로써 자유롭게 신앙생활을 할 수 있게 만들자는 것이었습니다. 그런데 에돔 땅 즉 이두메 땅은 유대인들의 영토가 아니었습니다. 다시 말해서 침공하면 안 되는 땅이었습니다. 하지만 영토에 욕심이 있었던 유대인들은 이두메 지역을 침공하고 말았습니다.

유대인들도 자신들이 지금 해서는 안 되는 일을 하고 있다는 것을 알았습니다. 그래서 그 침공에 대해 대의명분을 제시했는데 그게 뭐냐 하면 일종의 '선교'입니다. 가장 치사한 이유를 갖다 붙인 것입니다. '이제 너희들도 우리와 같은 나라 사람이 되었으니 할례를 받고 서로 통혼하여 너희도 하나님의 백성이 되라'는 것이었습니다.

하지만 이것은 침략에 대한 구차한 변명에 불과했습니다. 그래서 나중에 하나님께서 유대인들에게 벌을 주시는데 어떻게 주시냐 하면 유대인과 에돔 족속 사이에서 태어난 혼혈인을 유대인들의 왕으로 세우십니다. 그리고 그로 하여금 유대인들을 엄청나게 괴롭게 하십니다. 그가 바로 헤롯 대왕입니다. 그는 특히 바리새인들을 많이 괴롭혔습니다.

하스모니안 왕조의 범죄 2: 왕의 대제사장 겸직

둘째는 정통성이 없는 자가 대제사장에 오른 일입니다. 즉 유다 마카비가 전사한 후 그의 뒤를 이어 이스라엘을 다스렸던 요나단이 대제사장이 된 것입니다. 이스라엘에서는 전통적으로 정치와 종교의 분리가 엄격하게 지켜졌습니다. 사울 왕이 사무엘을 대신하여 제사를 드렸다가 사무엘에게 호되게 질책을 받은 사건이 그것을 잘 보여줍니다(삼상 13:13). 왕과 제사장은 아예 출신 지파부터 달랐습니다. 다윗 왕 이후에는 왕은 유다 지파에서 나왔고 제사장은 레위 지파에서 나왔습니다. 그중에서도 대제사장은 레위 지파의 사람이라고 해서 아무나 될 수 있는 것이 아니고 반드시 사독 집안에서만 나올 수 있었습니다.

〈사독과 아비아달〉 다윗 왕이 이스라엘을 다스릴 때는 대제사장이 두 명이었습니다. 그것은 사무엘상 21장에 나오는 아히멜렉 제사장 사건 때문입니다. 다윗이 사울 왕의 눈을 피해 도망할 때, 아히멜렉 제사장에게 갔습니다. 아히멜렉은 다윗 왕에게 진설병을 주어 먹게 하고, 보관하고 있던 골리앗의 칼을 주었습니다. 그런데 그 일 때문에 아히멜렉 집안의 제사장 팔십 오 명이 사울에 의해 죽임을 당했습니다(삼상 22:18). 그 때 아히멜렉의 아들 중 하나인 아비아달이 다윗에게 도망쳐 왔습니다(삼상 22:20). 다윗은 그와 함께 지내다가 나중에 왕이 된 후 그를 대제사장으로 삼았습니다. 하지만 당시에 이미 사독이라는 대제사장이 있었습니다. 대제사장은 종신직이었기 때문에 그를 폐위할 수는 없었습니다. 그래서 다윗 왕 때에는 사독과 아비아달이라는 두 사람의 대제사장이 존재했습니다.

하지만 다윗의 뒤를 이어 솔로몬이 왕이 되었을 때 상황이 바뀌었습니다. 솔로몬이 왕이 되기 직전 아도니아의 반란이 있었습니다. 그런데 두 명의 대제사장들 중 사독은 솔로몬의 편을 든 반면 아비아달은 아도니아의 편을 들었습니다. 그래서 솔로몬이 왕이 된 후 아비아달은 대제사장직에서 파면을 당했습니다. 그 이후 정통적인 대제사장은 오직 사독 가문에서만 나오게 되었습니다.

〈엘리에 대한 저주〉 참고로 아히멜렉과 그 자손들이 모두 죽임을 당하고 아비아달이 파면된 것은 엘리 제사장에 대한 하나님의 저주 때문이었습니다. 하나님께서는 다음과 같은 저주를 내리신 바 있습니다. "보라 내가 네 팔과 네 조상의 집 팔을 끊어 네 집에 노인이 하나도 없게 하는 날이 이를지라 … 네 집에 영원토록 노인이 없을 것이며 … 네 집에서 출산되는 모든 자가 젊어서 죽으리라 … 네 집에 남은 사람이 각기 와서 은 한 조각과 떡 한 덩이를 위하여 그에게 엎드려 이르되 청하노니 내게 제사장의 직분 하나를 맡겨 내게 떡 조각을 먹게 하소서 하리라"(삼상 2:31-36). 즉 엘리 집안의 완전한 몰락을 예언하신 것입니다. 결국 그 말씀대로 이루어졌습니다. 그 자손

팔십 오 명이 하루에 죽었고 대제사장까지 하던 아비아달은 쫓겨나고 말았습니다. "아비아달을 쫓아내어 여호와의 제사장 직분을 파면하니 여호와께서 실로에서 엘리의 집에 대하여 하신 말씀을 응하게 함이더라"(왕상 2:27).

하여튼 솔로몬 이후에는 오직 사독 계열의 사람들만이 대제사장이 될 수 있었습니다. 그런데 하스모니안 왕조 중에서 주전 151년경에 요나단이라는 왕이 대제사장직을 겸하게 되는 사건이 일어납니다. 이것은 엄청난 사건이었습니다. 비록 스스로 대제사장이 되려고 계획했던 것은 아니고 이방인의 왕이었던 알렉산드로스 에피파네스의 종용에 의해 그렇게 된 것이기는 했지만(마카비1서 10:20, 21), 이것은 충격적인 일이었습니다.

하스모니안 왕조는 맛다디아의 후손입니다. 그런데 맛다디아는 제사장이었습니다. 그러므로 하스모니안 왕조는 레위 지파입니다. 하지만 그들은 사독 집안은 아니었습니다. 그러므로 일반 제사장이라면 모르겠지만 대제사장은 될 수 없는 사람들이었습니다. 더구나 왕이 대제사장을 겸한다는 것은 이스라엘 역사상 있어 본 적이 없는 일이었습니다. 이것은 정교분리의 원칙에도 어긋난 아주 잘못된 일이었습니다. 이 일이 발단이 되어 유대인들 사이에 각 분파들의 정체가 뚜렷이 드러나게 되었습니다.

유대교의 네 분파

유대교에 네 분파가 있다는 설명은 요세푸스의 기록에 따른 것입니다. 요세푸스(Flavius Josephus)는 주후 37년에 태어나 주후 100년경에 로마에서 죽은 유대 역사가입니다. 그는 '유대 고대사'(Jewish Antiquities), '유대전쟁사'(Jewish War), '자서전', 그리고 '아피온 반박문'이라는 책들을 썼습니다. 그는 자신의 시대에 유대교에 네 개의 분파가 있었다고 썼습니다. 그것은 사두개파, 바리새파, 엣센파, 그리고 열혈당입니다. 그들 중 열혈당은 주후 6년에야 최초로 역사에 등장합니다.

〈하시딤〉 이 네 분파에 대해 설명하기 전에 먼저 하시딤이라는 사람들에 대해 설명해야 할 것 같습니다. 고레스 왕이 귀환 허락 칙령을 내린 후 이스라엘 포로들이 예루살렘에 돌아와서 성전을 완공했습니다. 그리고 에스라, 느헤미야 시대에는 성벽까지 완공했습니다. 하지만 상황은 별로 변하지 않았습니다. 사람들은 실망했습니다. 그래서 그들은 말라기에서 보는 것과 같이 신앙생활을 게을리 했습니다. 하지만 그럼에도 불구하고 하나님의 율법을 사랑하고 그것을 지키려는 사람들이 있었습니다. 우리는 그들을 하시딤이라고 부릅니다. 이들은 마카비 전쟁에서 매우 중요한 역할을 수행했습니다. 왜냐하면 마카비 전쟁이 종교적인 동기에서 시작된 전쟁이었기 때문입니다.

그런데 하시딤이라고 해서 모두 동질적인 사람들은 아니었습니다. 어떤 사람들은 정권에 대해 좀 더 우호적인 성격을 띠고 있었고, 어떤 사람들은 좀 더 비우호적인 성격을 띠고 있었습니다. 그런데 요나단이라는 왕이 대제사장직을 겸하게 된 이 사건은 하시딤에 속한 여러 사람들의 성향을 뚜렷이 드러나게 해 주었습니다. 우선 이 때 모습을 뚜렷이 드러낸 세 분파와 열혈당에 대한 개략적인 설명을 하고, 그들의 신학에 대해서는 그 다음에 자세하게 다루도록 하겠습니다.

네 분파에 대한 개략적 설명

엣센파

먼저 엣센파라는 사람들을 살펴보도록 하겠습니다. 1947년에 사해 북서쪽의 쿰란 지역 동굴들 속에서 많은 문서들이 발견되었습니다. 학자들은 대개 그 문서들을 남긴 공동체가 엣센파였을 것이라고 보고 있습니다. 성경에는 엣센파에 대한 언급이 전혀 없습니다. 왜냐하면 예수님이나 신약의 그 어떤 인물도 쿰란을 방문한 적이 없기 때문입니다. 그렇기 때문에 엣센파 혹은 쿰란 공동체는 성경에 등장하지 않습니다.

한 때 세례 요한과 이들 사이의 유사점을 집중적으로 조명하며 양자 사이의 관련성을 밝히는 연구가 유행이었습니다. 은둔적인 생활이라든가 세례 의식 같은 것에 유사점이 있다고 본 것입니다. 하지만 세례 요한과 쿰란 공동체 사이에는 유사점보다 차이점이 더 많다는 것이 밝혀졌습니다. 그 이후에는 세례 요한을 필요 이상으로 쿰란 공동체와 연결시키려는 시도는 하지 않고 있습니다.

이들에 대해 알려진 사실은 대략 다음과 같습니다. 이들은 왕이 대제사장직을 겸하는 것에 대해 극렬하게 반대했습니다. 얼마나 반대를 심하게 했던지 왕은 이들 중 몇 명을 죽여 버렸습니다. 그러자 그들은 딜레마에 빠졌습니다. 이대로 정통성이 없는 대제사장 밑에서 살 수는 없습니다. 하지만 반항을 했다가는 계속 죽임을 당할 것이 뻔합니다. 그래서 그들이 내린 선택은 따로 공동체를 세우는 것이었습니다. 그래서 그들은 사해 호수 북서쪽에 있는 쿰란(Qumran)으로 가서 자신들끼리 공동체를 만들고 살았습니다. 그곳에는 천연 동굴들이 많이 있었기 때문에 몸을 숨기기 좋았던 것입니다.

그들은 결혼을 반대하지는 않았지만 장려하지도 않았습니다. 결혼을 하지 않았는데도 그들의 공동체가 유지될 수 있었던 것은 양자를 들였기 때문입니다. 그들의 생활모습이나 신학에 대해서는 잠시 후에 살펴볼 것입니다. 그들은 수도원 공동체와 같은 삶을 살다가 주후 68년에 로마군에 의해 완전히 파괴되었습니다.

사두개파

사두개파라는 이름은 대제사장 사독에서 왔다고 하는데 정확하지는 않습니다. 그들은 한마디로 말해서 예루살렘 성전을 중심으로 한 종교 귀족이었습니다. 그들은 왕의 정책에 찬동하는 사람들이었고 당연히 요나단의 대제사장 등극에도 찬성했습니다. 그래서 그들은 성전 제사를 둘러싼 모든 권리를 얻게 되었는데 이것은 어마어마한 특권이었습니다.

하나님께서는 출애굽기 23:14-17에서 이렇게 말씀하십니다.

> "[14] 너는 매년 세 번 내게 절기를 지킬지니라 [15] 너는 무교병의 절기를 지키라 내가 네게 명령한 대로 아빕월의 정한 때에 이레 동안 무교병을 먹을지니 이는 그 달에 네가 애굽에서 나왔음이라 빈손으로 내 앞에 나오지 말지니라 [16] 맥추절을 지키라 이는 네가 수고하여 밭에 뿌린 것의 첫 열매를 거둠이니라 수장절을 지키라 이는 네가 수고하여 이룬 것을 연말에 밭에서부터 거두어 저장함이니라 [17] 네 모든 남자는 매년 세 번씩 주 여호와께 보일지니라."

 이 말씀에 따라 모든 유대인 남자들은 일 년에 세 번씩 예루살렘 성전에 와서 제사를 드렸습니다. 본문이 말씀하는 무교절, 맥추절, 그리고 수장절을 지키기 위해서입니다. 그런데 그냥 성전에 오기만 하면 되는 것이 아닙니다. 15절은 "빈손으로 내 앞에 나오지 말지니라"라고 말씀합니다. 즉 정성껏 하나님께 헌물을 바치라는 것입니다. 그러므로 사두개인들은 그냥 가만히 성전에 있으면 모든 유대인 남자들이 일 년에 세 번씩 찾아와서 헌물을 잔뜩 바치고 갔습니다. 그리고 그들 뒤에는 사두개인들을 보호하는 왕권이 있었습니다.

 이와 같이 사두개파는 물질적 풍요를 누리고 종교적, 정치적 힘까지 갖춘 종교 귀족들이었습니다. 하지만 그들은 성전을 중심으로 한 분파였기 때문에 주후 70년에 로마의 티투스(Titus) 장군에 의해 성전이 무너지자 흔적도 없이 역사에서 사라지고 말았습니다.

구약의 3대 절기

 유대인들은 삼대 절기 때 반드시 성전에 와서 예배를 드려야 했습니다. 여기서 잠깐 구약의 삼대 절기들을 살펴보도록 하겠습니다. 성경에서는 삼대 절기를 아홉 개나 되는 이름으로 부르고 있습니다.

유월절 = 무교절

유월절과 무교절은 원래 다른 절기입니다. 유월절은 하나님의 사자들이 애굽의 모든 장자들을 죽일 때 이스라엘 자손들을 보호하시고 그들을 이집트에서 이끌어내신 것을 기념하는 절기로서 아빕월 14일 저녁부터 15일 아침까지를 말합니다. 무교절은 애굽에서의 포로생활을 기억하기 위해 쓴 나물과 누룩을 넣지 않은 빵(무교병)을 먹으며 사는 기간으로서 14일 저녁부터 21일 저녁까지를 말합니다. "정월에 그 달 십 사 일 저녁부터 이십 일 일 저녁까지 너희는 무교병을 먹을 것이요 칠일 동안은 누룩을 너희 집에 있지 않게 하라 무릇 유교물을 먹는 자는 타국인이든지 본국에서 난 자든지 무론하고 이스라엘 회중에서 끊쳐지리니 너희는 아무 유교물이든지 먹지 말고 너희 모든 유하는 곳에서 무교병을 먹을지니라"(출 12:18-20). 그런데 두 절기는 시기상 그렇게 겹쳐 있기 때문에 성경에서는 이 두 절기를 동의어로 취급하고 있습니다.

〈유대인의 하루의 시작〉 참고로 유대인들의 하루는 해가 지면 시작됩니다. 즉 일몰시간이 하루의 시작 시간인 것입니다. 중동지역은 날이 너무 더웠기 때문에 결혼식 등의 모든 행사는 해가 진 후에 시작되었습니다. 그렇기 때문에 해가 지는 시점을 새 날의 시작으로 본 것입니다.

그 흔적이 창세기 1장에도 있습니다. 하나님께서 세상을 창조하시는 장면에서 계속해서 "저녁이 되고 아침이 되니 이는 몇째 날이니라"라는 표현이 등장합니다(창 1:5, 8, 13, 19, 23, 31). 보통 현대인들은 하루를 표현할 때 '아침과 저녁'이라고 말합니다. 왜냐하면 자정을 하루의 시작으로 보는 입장에서는 아침이 저녁보다 먼저 오기 때문입니다. 하지만 유대인들은 일몰시를 하루의 시작이라고 봤습니다. 그렇기 때문에 '저녁이 되고 아침이 되니'라는 표현이 나온 것입니다.

유대인들의 하루가 저녁에 시작되었다는 점은 예수님의 장례에서도 그 증거를 찾을 수 있습니다. 예수님께서는 아빕월 15일 오후 세 시쯤에 운명하셨습니다. 그런데 그 날은 금요일이었습니다. 유대인들의 안식일은 토요일입니다. 해가 지면 새 날이 시작되기 때문에 이제 조금 있으면 토요일, 즉 안식일이 시작될 것입니다. 당시 부자들은 예루살렘 근교에 무덤을 가지고 있었고 가난한 자들의 무덤은 예루살렘에서 먼 곳에 있었습니다. 그런데 이제 곧 해가 지면 안식일이 시작되기 때문에 사람들은 예수님을 먼 곳에 있는 무덤으로 옮길 시간이 없었습니다. 그렇기 때문에 아리마대 요셉이 바로 그 근처에 있던 자신의 무덤에 예수님을 모셨던 것입니다.

참고로 유대인들은 예루살렘 성전을 중심으로 세계를 열 개의 동심원으로 나누었습니다. 안쪽에 있는 동심원일수록 거룩한 곳이고 외부에 있는 것일수록 불결한 곳입니다. 그렇기 때문에 유대인들은 죽은 후 가능하면 성전과 가까운 곳에 묻히기를 원했습니다. 그래서 성전 가까운 곳의 무덤들은 그 값이 아주 비쌌습니다. 어떤 가난한 사람들은 부모의 뼈를 추려서 가루로 빻은 후 밤에 몰래 성전 근처에 와서 땅에 구멍을 파고 그 가루를 묻기도 했습니다.

〈아빕월과 니산월〉 유대인들의 달력으로 일년의 첫 달이 아빕월입니다. 그런데 성경에는 아빕월과 니산월이라는 단어가 등장하는데 그 둘은 같은 달을 지칭합니다. 모세오경에는 아빕월이라는 단어가 나오고 에스라서와 느헤미야서에는 니산월이라는 단어가 나옵니다. 니산월이라는 단어는 아람어인데 에스라서와 느헤미야서는 바벨론 포로기 이후의 문서입니다. 바벨론과 페르시아 사람들은 아빕월에 해당하는 달을 니산월이라고 불렀습니다. 그렇기 때문에 히브리어로 기록된 모세오경에는 니산월이라는 말이 없고, 바벨론 포로기 이후에 기록된 에스라, 느헤미야서에는 니산월이라는 단어가 등장하는 것입니다.

그리고 유대인들의 달력은 음력입니다. 그들은 저녁에 해가 진 후에 모든 행사를 시작했던 사람들이기 때문에 항상 달의 변화에 관심을 두며 살았습니다. 그래서 그들은 음력을 사용했습니다. 아빕월은 양력으로는 3, 4월에 해당됩니다. 즉 유월절 축제는 봄을 맞이하는 시기의 축제였습니다.

〈유월절 전날인 아빕월 14일〉 그런데 여기서 유월절 하루 전날인 14일의 일정을 소개할까 합니다. 왜냐하면 이 날은 유대인들에게 매우 중요했기 때문입니다. 이 날은 공휴일이었습니다. 우리도 추석이나 설날의 경우 그 전날도 쉬는 날입니다. 달력에 빨간색으로 표시되어 있습니다. 유대인들의 경우도 마찬가지였습니다. 14일 아침부터 해가 질 때까지 유대인들은 부산한 시간을 보냈습니다.

• 집안 대청소: 아빕월 14일 아침에는 집안에서 유교병 즉 누룩을 넣은 빵을 제거하기 위해 집안 대청소를 했습니다. 하나님께서는 출애굽기에서 이렇게 말씀하셨습니다. "첫째 달 그 달 열나흗날 저녁부터 이십 일일 저녁까지 너희는 무교병을 먹을 것이요 이레 동안은 누룩이 너희 집에서 발견되지 아니하도록 하라 무릇 유교물을 먹는 자는 타국인이든지 본국에서 난 자든지를 막론하고 이스라엘 회중에서 끊어지리니 너희는 아무 유교물이든지 먹지 말고 너희 모든 유하는 곳에서 무교병을 먹을지니라"(출 12:18-20).

이 말씀에 보면 유교병을 단지 먹지 않는 정도가 아니라 누룩이 집안에서 보이지 않게 하라고 하셨습니다. 그런데 평상시에 먹었던 빵조각이 집안의 어떤 가구 밑에 숨겨져 있을지 모르는 일입니다. 그래서 유대인들은 14일 아침이 되면 가구를 전부 집밖으로 들어내고 집안 대청소를 했습니다.

이날 아침에 청소를 한 데에는 하나님의 말씀을 실천한다는 의미도 있었지만 다른 두 가지 이유가 또 있었습니다. 첫째는 봄맞이 대청소의 의미입니다. 유월절 기간은 양력으로 3월이나 4월, 즉 봄 청소를 하기에 딱 좋은 기간이었습니다. 둘째는 그날에는 가구를 옮길 노동력을 확보할 수 있었습니다. 무슨 말인가 하면 다른 때는 남자들이 일을 쉬는 날이 안식일밖에 없습니다. 하지만 안식일에 일을 하는 것은 엄격하게 금지되어 있었습니다. 그 어떤 악처라도 안식일에 남편에게 일을 시킬 수는 없었습니다. 하지만 유월절 전날이 안식일과 겹치는 경우는 별로 없었습니다. 그렇기 때문에 여인들은 그날 남편과 아들에게 마음대로 일을 시킬 수 있었습니다. 그래서 14일은 춘계대청소를 하기에 이상적인 날이었습니다.

• 유월절 물품 구입하기: 청소를 마친 다음에는 유월절 물품을 구입하기 위해 쇼핑을 했습니다. 그날 유대인들이 유월절 물품을 구입했다는 기록은 있지만, 유월절 물품이 구체적으로 무엇이었는지는 알기 어렵습니다. 왜냐하면 성경에는

무교절 기간 동안 쓴 나물과 무교병을 먹어야 한다고만 나와 있기 때문입니다. 쓴 나물을 제외하고 특별히 쇼핑을 해야 할 것이 무엇이었는지는 잘 감이 잡히지 않습니다.

학자들은 쇼핑 품목에 그릇이 있었을 것이라고 생각합니다. 왜냐하면 당시 유대인들 사이에서는 다음과 같은 풍습이 있었기 때문입니다. 유월절이 되면 예루살렘 인구가 일시적으로 엄청나게 증가합니다. 그러면 그들이 숙박할 수 있는 공간이 부족해집니다. 그래서 어떤 사람들은 예루살렘 동편에 있던 감람산에 천막을 치고 숙박을 해결했지만 어떤 사람들은 민박을 원하기도 했습니다. 예루살렘 사람들은 순례자들에게 방을 제공하는 것이 관례였습니다.

하지만 이럴 경우 애매한 문제가 생깁니다. 손님이 떠날 때 숙박비를 내야 하느냐 안 내도 좋으냐 하는 문제입니다. 물론 아무 계산 없이 그냥 헤어질 수도 있습니다. 하지만 그럴 경우 보내는 주인도 마음이 안 좋고 떠나는 손님도 마음이 안 좋습니다. 하루, 이틀도 아니고 최소한 8일 동안이나 남의 집에서 신세를 졌기 때문입니다. 그래서 유대인들 사이에서 관례가 된 것이 그릇을 선물하는 것입니다.

순례자들은 다른 사람의 집에 민박을 하러 들어가기 전에 시장에서 자신들이 팔 일 동안 사용할 그릇을 구입합니다. 주인집 사람들이 평소에 사용하던 그릇을 사용하는 것은 미안하기도 하고 찝찝하기도 하기 때문입니다. 그래서 그들은 팔 일 동안 새로 산 그 그릇들을 잘 사용합니다. 그리고 절기가 끝나고 고향으로 돌아가야 할 때는 집주인에게 그 그릇들을 가져줄 것을 요구하는 것입니다. 아마도 집 주인은 좋은 그릇들이니 그냥 가져가서 쓰시라고 거절을 했을 것이고, 손님들은 자신들이 이제 낙타를 타고 먼 길을 가야 하는데 토기로 된 그릇은 깨지기 쉽고 무거워서 큰 짐이 되니 부디 받아달라고 강권했을 것입니다. 그러다가 집주인은 마지못해 그 그릇들을 받으며 감사하다고 인사를 했을 것입니다. 그러면 양쪽 다 만족하게 됩니다. 주인은 그 동안 외부사람을 집에 들이고 여러 가지로 마음을 썼던 데 대한 보상을 받게 되는 것이고, 손님들은 남의 집에 와서 폐를 끼쳤다는 데 대한 마음의 짐을 덜게 되는 것입니다. 그리고 당시의 통상적인 숙박비와 그릇 값이 얼추 비슷했다고 합니다.

그래서 학자들은 아침 청소를 마친 유대인들이 시장에 나가서 아마도 유월절용 그릇들을 구입했을 것이라고 봅니다. 왜 하필 14일 낮에 그 그릇을 샀냐 하면 유대인들은 하나님을 섬기는 데 사용되는 거룩한 물품들과 자신들의 일상생활에 사용되는 일반 물품들을 엄격하게 구분했기 때문입니다. 유월절 물품은 14일이 되기 전까지는 시장에서 판매하지 않았습니다.

- 제사장의 어린 양 잡기: 그리고 14일 낮 3시가 되면 성전 뜰에서 장관이 펼쳐집니다. 모든 제사장들이 칼을 들고 성전 뜰에 일렬횡대로 섭니다. 그러면 사람들이 1년 된 어린 양이나 염소를 가지고 그 앞에 줄을 서 있다가 제사장이 그 양이나 염소를 잡아 주는 겁니다.

출애굽기에는 유월절 양을 정확히 누가 잡아야 하는지에 대해 언급이 없습니다. 그런데 누군가가 처음으로 제사장에게 양을 끌고 가서 특별히 축복기도를 받고 제사장이 직접 잡아 준 고기로 가족들을 위한 만찬을 마련했을 것입니다. 사람들은 이를 좋게 여겼습니다. 왜냐하면 유월절 만찬은 온 가족이 함께하는 가장 중요한 만찬이었기 때문입니다. 그래서 언제부터인지 모르게 유월절 어린 양을 제사장에게 끌고 가서 제사장의 축복기도를 받고, 그 양을 제사장이 잡아주는 관습이 생겼습니다. 사람들은 그 고기를 집에 가지고 와서 요리해 두었다가 해가 지면, 즉 절기상 아빕월 15일이 시작되면 온 가족이 모여 유월절 만찬을 먹었습니다.

14일은 이렇게 매우 특별한 날이었습니다. 유대인들은 진짜 유월절이 시작되는 15일이 아니라 그 전날인 14일을 유월절 축제의 첫 날로 인식하고 있었습니다. 그래서 성경에도 가끔 15일이 아니라 14일을 유월절로 기록하고 있습니다. "사로잡혔던 자의 자손이 첫째 달 십사일에 유월절을 지키되"(스

6:19).

고난주간에 예수님이 하신 일들을 추적하다 보면 목요일에 하신 일이 기록되어 있지 않은 것을 알게 됩니다. 우리는 보통 예수님께서 십자가에 못 박히시기 바로 전날인 목요일에는 다른 활동을 하지 않으시고 성부 하나님과의 조용한 교제의 시간을 가지셨다고 설명합니다. 물론 그것도 맞는 말입니다. 그러나 그 목요일 즉 14일은 유대인들에게 있어서 위와 같이 대단히 분주한 날이었기 때문에 예수님께서 사람들에게 교훈을 베푸시기에는 적당한 날이 아니었습니다. 그래서 공적인 활동을 하지 않으신 것입니다.

유월절에 대한 설명이 상당히 길었습니다. 하지만 유월절은 대단히 중요한 절기이기 때문에 잘 알아두면 신구약 성경을 읽는데 많은 도움이 됩니다.

오순절 = 칠칠절 = 맥추절(맥추의 초실절, 출 34:22)

오순절은 유월절 이후 오십 일이 지난 후에 지키는 절기입니다. '오(五)'는 다섯이고 '순(旬)'은 열흘을 뜻합니다. 열흘이라는 뜻의 한자입니다. 열흘마다 나오는 신문을 '순보'라고 하는데 구한말에 나왔던 '한성순보'가 대표적입니다. 오십 일의 기점이 되는 것은 유월절 양을 잡는 날입니다.

오십 일은 일주일을 단위로 계산하면 일곱 주가 됩니다. 그래서 칠 곱하기 칠이라고 해서 칠칠절이라고도 합니다. 그리고 그 때가 보리추수를 할 때이기 때문에 맥추절(麥秋節)이라고도 합니다. 출애굽기 23:16 상반절은 "맥추절을 지키라 이는 네가 수고하여 밭에 뿌린 것의 첫 열매를 거둠이니라"라고 말씀합니다. 그렇기 때문에 이 절기를 '첫 열매를 감사하는 절기'라는 뜻으로 초실절(初實節)이라고도 합니다.

장막절 = 초막절 = 수장절

출애굽기 23:16 하반절은 "수장절을 지키라 이는 네가 수고하여 이룬 것을 연말에 밭에서부터 거두어 저장함이니라"라고 말씀합니다. 수장절은 본격적인 가을 추수 축제입니다. 수장절(收藏)이라는 명칭도 추수(秋收)하여 저장(貯藏)하는 것을 기념하는 절기라는 뜻입니다. 수장절은 양력으로는 9, 10월경입니다.

이 절기는 애굽에서 탈출한 후 광야에서 초막을 치고 생활했던 것을 기념하는 의미도 가지고 있습니다. 그래서 이 절기를 장막절 혹은 초막절이라고도 합니다. 주후 1세기 초에 활동했던 바리새파 유대인 중에 샴마이라는 사람이 있습니다. 그는 하나님의 말씀을 모두 문자 그대로 지켜야 한다고 주장했습니다. 그런데 그의 딸이 아기를 낳을 때가 되었는데 초막절이 닥쳤습니다. 몸이 무거워서 마당에 만들어 놓은 초막으로 나갈 수가 없었습니다. 그러자 그는 딸이 침대 위에 초막을 만들었습니다. 샴마이는 그 만큼 율법을 문자적으로 철저하게 지키려 노력했습니다.

사두개파에 대해 설명하다가 구약의 삼대 절기에 대해 조금 길게 살펴보았습니다. 이제 바리새파에 대해 간략하게 살펴보겠습니다.

바리새파

'바리새'라는 말의 어원은 '분리하다'입니다. 이들은 정치적으로 친권력적 성격을 가졌던 사두개파와 반권력적 성격을 가졌던 엣센파의 중간의 입장을 취했습니다. 즉 적극적으로 요나단의 대제사장직 겸임에 찬성하지는 않았지만, 그렇다고 해서 목숨을 걸고 극렬하게 반대하지도 않았습니다. 엣센파가 쿰란이라는 척박한 곳에 가서 공동체를 이루며 살았고, 사두개파는 예루살렘 성전을 중심으로 활동한 것과는 달리, 바리새들은 각자의 고향에서 조용하게 활동했습니다. 낮에는 각자의 직업에 충실했고 저녁이면 토라를 연구하고 마을 사람들을 가르치면서 살았습니다. 이들의 뿌리는 앞서 설명한 바 있는 하시딤(Hasidim = 아시데어[Asidäer])입니다.

열심당(젤롯인, 셀롯인, 식카리[단도])

열심당은 주전 140년대의 요나단 사건과는 별로 관계가 없는 사람들입니다. 왜냐하면 이들은 주후 6년경에야 처음 역사에 나타나기 때문입니다. 헤롯 대왕의 뒤를 이어 유대와 사마리아 그리고 이두메를 통치하던 아켈라오가 주후 6년에 왕위에서 쫓겨납니다. 그리고 로마 총독 코포니우스(Coponius)가 그 지역들을 직접 다스리기 시작합니다. 그러자 문제가 생깁니다. 그 전에도 유대의 왕들이 세금을 거두어서 로마 황제에게 바치기는 했지만 유대인들은 자신들이 로마인에게 세금을 바친다는 생각을 그다지 심각하게 하지 않았습니다. 왜냐하면 표면상으로는 유대인의 왕이 세금을 거두어 갔기 때문입니다. 그런데 이제 로마에서 파송된 총독이 직접 세금을 거두는 것입니다. 그러자 로마 황제에게 세금을 바치는 것은 자신들의 유일한 왕이신 하나님께 대한 배신행위라고 주장하며 로마에 극렬히 저항하는 사람들이 생겼습니다. 그들이 바로 열심당입니다. 그들은 매우 활동적인 사람들이었기 때문에 '열정적인'이라는 뜻의 헬라어 단어 '젤로스'를 사용하여 젤롯인 혹은 셀롯인이라고도 불렸습니다. '식카리'라는 것은 아람어로 '단도'라는 뜻인데 그들이 단도를 소지하고 다녔기 때문에 붙은 이름입니다. 나중에 설명하겠지만 이들이 단도를 가지고 다녔던 이유는 매국노를 암살하기 위해서였습니다. 이들은 주후 66년에 발발한 대로마항쟁에 적극적으로 가담했다가 주후 73년에 마사다(Masada)에서 로마군에 의해 멸절되었습니다.

네 분파의 신학

위에서는 네 분파의 대략적인 특징에 대해 살펴보았습니다. 이제 네 분파의 신학에 대해 설명하도록 하겠습니다.

사두개파(Sadducees)

복음서에서 사두개파와 바리새인들은 거의 항상 예수님께 질책을 당합니다. 여러 가지 이유가 있지만 근본적인 이유는 그들이 하나님의 말씀인 성경을 훼손하거나 거기에 마음대로 자신들의 말을 덧붙였기 때문입니다. 사두개인들은 하나님의 말씀을 마음대로 훼손한 자들입니다. 그들은 구약성경 중에서 모세오경만을 하나님의 말씀으로 인정하고 나머지는 모두 잘라내 버렸습니다. 이런 사람들이 예수님의 비난을 피할 수 없었던 것은 당연합니다.

그렇다면 그들은 왜 하나님의 말씀에서 마음대로 많은 책들을 잘라내 버렸을까요? 그 이유를 설명하도록 하겠습니다.

경제적 이유

그들은 앞에서 설명했듯이 예루살렘 성전을 중심으로 살아가던 종교귀족들이었습니다. 그들의 유복한 생활은 성전 제사 때문에 가능한 것이었습니다. 사람들이 정기적으로 성전에 와서 제사를 드리고 제물을 바쳤기 때문에 그들의 유복한 삶이 유지될 수 있었습니다. 그렇기 때문에 그들은 성경 중에서도 제사를 강조하는 책들을 무척 좋아했습니다. 모세오경은 제사를 강조합니다. 아브라함 등의 족장들은 어디를 가건 늘 제사를 드렸습니다. 그리고 레위기는 그 전체가 제사와 성결에 대해 설명하고 있습니다. 모세오경에는 제사에 대한 강조가 자주 나타납니다. 그래서 그들은 그 책들을 무척 좋아했습니다.

하지만 구약의 다른 책들은 그렇지 않았습니다. 역사서, 시가서, 그리고 선지서에 등장하는 제사에 대한 부정적인 구절들을 몇 개씩 예로 들어 보겠습니다.

〈역사서〉 사무엘상 15:22에는 이런 말씀이 있습니다. "사무엘이 이르되 여호와께서 번제와 다른 제사를 그의 목소리를 청종하는 것을 좋아하심 같이 좋아하시겠나이까 순종이 제사보다 낫고 듣는 것이 숫양의 기름보다 나으니." 만약 사람들이 이 말씀을 듣고 제사는 안 드리고 말씀에 순종하는 것에만 힘쓴다면 사두개인들은 어떻게 되겠습니까? 그러면 큰일입니다. 그래서 사두개인들은 이런 구절들이 있는 역사서를 무시했습니다.

〈시가서〉 시가서는 어떻습니까? 시편 51:17은 다윗이 우리아의 아내 밧세바를 범한 후 회개하며 지은 시의 일부인데 거기서 이런 말을 하고 있습니다. "하나님께서 구하시는 제사는 상한 심령이라 하나님이여 상하고 통회하는 마음을 주께서 멸시하지 아니하시리이다." 사두개인들이 듣고 싶은 말씀은 하나님이 구하시는 제사는 예루살렘 성전에 올라가서 드리는 제사라는 말씀, 그중에서도 제물을 잔뜩 드리는 제사라는 말씀일 것입니다. 하지만 시가서에서 다윗은 하나님께서 구하시는 제사는 그런 것이 아니고 상한 심령, 즉 회개하는 심령이라고 말합니다. 백성들이 이 말씀을 진지하게 받아들인다면 자신들의 윤택한 삶에 큰 위기가 닥칠 것입니다. 그래서 그들은 시가서도 하나님의 말씀에서 제외시켰습니다.

〈선지서〉 선지서는 상황이 더 심각합니다. 이사야서는 첫 부분부터 헛된 제사에 대해 맹공을 퍼붓습니다. "너희가 내 앞에 보이러 오니 이것을 누가 너희에게 요구하였느냐 내 마당만 밟을 뿐이니라 헛된 제물을 다시 가져오지 말라 분향은 내가 가증히 여기는 바요 월삭과 안식일과 대회로 모이는 것도 그러하니 성회와 아울러 악을 행하는 것을 내가 견디지 못하겠노라"(사 1:12, 13).

아모스 선지자 역시 끔찍한 발언을 합니다. "내가 너희 절기들을 미워하여 멸시하며 너희 성회들을 기뻐하지 아니하나니 너희가 내게 번제나 소제를 드릴지라도 내가 받지 아니할 것이요 너희의 살진 희생의 화목제도 내가 돌아보지 아니하리라"(암 5:21, 22). 그리고 최후의 선지자인 말라기는 사두개파에게 회복이 불가능할 정도의 일격을 가합니다. "만군의 여호와가 이르노라 너희가 내 제단 위에 헛되이 불사르지 못하게 하기 위하여 너희 중에 성전 문을 닫을 자가 있었으면 좋겠도다 내가 너희를 기뻐하지 아니하며 너희가 손으로 드리는 것을 받지도 아니하리라"(말 1:10). 이 말씀은 사두개인들에게는 사형선고나 다름없습니다. 정말로 성전 문을 닫는다면 그들은 어떻게 먹고 살아야 한단 말입니까?

사회적 이유

그래서 사두개인들은 구약성경 중 모세오경만을 남기고 나머지 책들을 모두 잘라내 버렸습니다. 그런데 그들이 모세오경만을 좋아했던 데에는 또 다른 이유가 있었습니다. 그것은 모세오경이 그들의 사회적 성공과 경제적 풍요를 정당화 시켜주는 역할을 했다는 것입니다. 모세오경에는 인과응보의 진리가 매우 강하게 나타납니다. 하나님을 잘 섬기는 사람은 하나님의 사랑을 받아서 모든 면에 있어서 형통하게 됩니다. 특히 경제적인 면에서 그렇습니다. 아브라함도 부자였고 이삭도 부자였고 요셉도 크게 출세를 했습니다. 하지만 하나님께 불순종하는 자는 모든 면에 있어서 벌을 받습니다. 그중에는 경제적 궁핍도 포함되어 있습니다.

 이런 성경을 읽을 때 사두개인들은 마음의 편안을 얻을 수 있었습니다. 현재 대한민국에 어떤 큰 부자가 있다고 해 봅시다. 어떤 교회에 갔더니 가난한 사람이 복이 있다고 가르치고 부자가 천국에 들어가는 것보다 낙타가 바늘귀로 들어가는 것이 더 쉬울 것이라고 가르칩니다. 그런데 다른 교회에 가보니까 하나님을 잘 믿으면 큰 부자가 될 수 있을 것이라고 가르칩니다. 그러면 이 부자가 어느 교회를 선택하겠습니까? 당연히 후자입니다. 전자의 교회에서는 자신은 대단히 위험한 사람입니다. 하지만 후자의 교회에서는 자신은 하나님을 잘 섬기는 사람의 모범이고 하나님의 사랑의 대상임이 확실한 사람입니다.

 사두개인들에게도 똑같은 일이 일어난 것입니다. 모세오경을 읽을 때 그들은 자신에 대해 긍지를 느낄 수 있습니다. 모든 사람들이 자신을 보고 본받아야 합니다. 그리고 하나님의 복을 받아서 자신들처럼 부자이고 걱정이 없는 자들로 살아야 합니다. 하지만 성경의 다른 책들을 읽을 때는 그렇지 않습니다. 욥은 왜 의인이 고난을 당하느냐고 반문하고 있고, 선지자들은 불의한 부자들에 대해 준엄한 심판을 예고합니다. 사두개인들은 그런 책들이 싫었을 것입니다. 그래서 오직 모세오경만을 성경으로 받아들인 것입니다.

사두개파의 신학

그런데 이렇게 모세오경만을 성경으로 인정하면서 살다보니 이상한 신학이 만들어졌습니다. 즉 그들은 죽은 자의 부활, 천사, 마귀, 영적 세계를 인정하지 않았던 것입니다. 그들이 그런 것들을 인정하지 않은 데는 두 가지 이유가 있습니다.

첫째는 그런 것들이 모세오경에 잘 등장하지 않기 때문입니다. 모세오경에 날개를 펄럭이는 천사는 등장하지 않습니다. 아브라함에게 하나님의 사자들(messengers)이 찾아오지만 사람의 형태로 나타납니다. 야곱이 벧엘에서 하늘에 닿은 사닥다리를 오르내리는 천사들을 보지만 그들이 날개가 달린 천사들이라는 표현은 없습니다. 또 죽은 자의 부활이나 천국, 지옥에 대해서도 직접적인 언급은 별로 없습니다. 물론 자세히 살펴보면 모세오경에도 분명 그런 것들에 대한 암시가 있지만, 부활이나 영적 존재가 없다는 생각을 전제로 하고 모세오경을 보면 그런 것들이 잘 눈에 띄지 않습니다.

그들이 부활이나 천국을 인정하지 않은 두 번째 이유는 그들이 워낙 유복한 삶을 살았기 때문입니다. 이 세상에서 원 없이 낙을 누리며 사는 사람들과 밑바닥 인생으로 갖은 고생을

다 겪으며 사는 사람들 중에서 누가 더 천국을 사모하겠습니까? 당연히 어렵게 사는 사람들입니다. 유복하게 누릴 것 다 누리며 사는 사람들은 천국은 있어도 좋지만 없어도 그리 문제 될 것이 없습니다. 그것은 그냥 선택사항일 뿐입니다. 사두개인들에게 천국이 그러했습니다. 더구나 그들은 매일 성전에서 일하며 제사를 받들었던 제사장들입니다. 그러므로 만약 천국이 있다면 자신들은 반드시 천국에 갈 수 있을 것이라고 생각했을 것입니다. 그래서 그들은 부활, 천사, 마귀, 영적 세계의 존재를 믿지 않았습니다.

신약의 예

그들의 이런 신학을 극명하게 보여 주는 예가 사도행전에 나타납니다. 사도 바울이 제3차 전도여행을 마치고 예루살렘에 왔다가 유대인들에게 매를 맞고 천부장에게 체포되었던 때입니다. "바울이 그 중 일부는 사두개인이요 다른 일부는 바리새인인 줄 알고 공회에서 외쳐 이르되 여러분 형제들아 나는 바리새인이요 또 바리새인의 아들이라 죽은 자의 소망 곧 부활로 말미암아 내가 심문을 받노라 그 말을 한즉 바리새인과 사두개인 사이에 다툼이 생겨 무리가 나누어지니 이는 사두개인은 부활도 없고 천사도 없고 영도 없다 하고 바리새인은 다 있다 함이라"(행 23:6-8).

바울은 자신이 부활 때문에 곳곳에서 핍박을 받는다고 주장합니다. 사실은 '예수님의 부활'인데 부활 이야기만 하는 것입니다. 그러자 사두개인과 바리새파가 함께 바울을 심문하다 말고 둘로 나뉘어져 버립니다. 사두개파는 부활을 믿지 않은 반면 바리새파는 믿었기 때문입니다. 바리새파 사람들 중 일부는 심지어 바울의 말에 동조하기까지 합니다. "바리새인 편에서 몇 서기관이 일어나 다투어 이르되 우리가 이 사람을 보니 악한 것이 없도다 혹 영이나 혹 천사가 그에게 말하였으면 어찌 하겠느냐 하여 큰 분쟁이 생기니"(행 23:9,10).

이 사건은 부활 등의 문제에 있어서 사두개인들이 바리새인들과 얼마나 큰 차이가 있었는가 하는 것을 보여줍니다. 그리고 바울이 그 중요한 시점에 그 문제를 거론했다는 것은 부활을 부정하는 것이 사두개파 사람들 중 일부의 문제가 아니라 그들 모두의 보편적인 특징이었다는 것을 보여줍니다.

사두개파의 특징들
사두개파의 특징들을 정리하면 다음과 같습니다.

제사장 귀족들로 이루어졌다.
그들은 성전 제사를 중심으로 한 종교 귀족들이었습니다.

모세오경만을 성경으로 인정했으며, 구전율법(oral law)을 거부했다.

모세오경에 대한 부분은 이미 설명을 했습니다. 구전율법이 어떤 것인지에 대해서는 바리새파에 대해 논하면서 설명할 것입니다.

바리새인들보다 모세의 율법을 보다 문자적으로 해석했다.

율법을 바리새인들보다 더 문자적으로 해석한 이유는 사두개파가 율법을 더 사랑했기 때문이라기보다는 율법을 문자적으로 해석해도 좋을 정도로 이들의 삶이 편했기 때문입니다. 육체노동이나 소규모 상업에 종사하는 이들은 율법에 따라 살기가 쉽지 않았을 것입니다. 하지만 늘 성전에 거주하며 제사를 업으로 삼았던 이들은 율법을 문자적으로 엄격하게 준수하는 것이 별로 어렵지 않았을 것입니다.

레위법적 정결성에 있어서 보다 더 철저했다.

레위법적 정결성이란 이를테면 안식일을 정확히 지켜야한다거나 부정한 것을 만지지 말아야 한다거나 하는 것을 말합니다. 이것 역시 앞의 것과 유사한 이유 때문에 사두개인들에게는 별로 어려운 일이 아니었을 것입니다. 성전에서 평생을 보내는 사람들이 종교적 정결을 지키는 것은 별로 어려운 일이 아니었을 것입니다.

죽은 자의 부활, 천사, 마귀, 영적 세계를 인정치 않았다.

앞에서 자세히 설명한 항목입니다. 이런 것들은 모세오경에는 자주 등장하지 않습니다. 또 사두개인들은 이런 것들을 간절하게 필요로 하지 않았습니다.

과격히 헬라화되었다.

이들은 사회 지도층이었습니다. 그래서 헬라 문화와의 접촉이 많았고 과격히 헬라화 되었습니다. 제사를 중시하는 사람들이라면 헬라문명에 대해 저항감을 가졌어야 할 것 같은데 사실은 유대인들 중 가장 친헬라적인 성향을 띠고 있었습니다. 놀라운 일입니다. 그들은 한편으로는 민족의 고유한 종교를 통해 자신들의 특권을 유지하면서도, 다른 한편으로는 그리스의 우수한 문물을 사모하고 문화적으로 그들과 자신을 동일시하려고 하는 기회주의적이고 이중적인 모습을 보여주고 있습니다.

운명을 부정하고 모든 것을 인간의 자유의지에 돌렸다.

이 부분은 약간 자세한 설명을 필요로 합니다. 왜냐하면 이것은 바리새파, 사두개파, 엣센파 모두와 관계된 특성이기 때문입니다. 보통 한 인간의 성공과 실패를 결정짓는 요인에는 두 가지가 있다고 봅니다. 그것은 태생적인 요소와 개인의 노력입니다. 어떤 부모 밑에서 태어나느냐, 어떤 재능을 가지고 태어나느냐, 얼마나 좋은 머리를 가지고 태어나느냐 하는 것 등은 우리가 결정할 수 있는 것이 아닙니다. 그것은 태생적인 것입니다. 하지만 이미 가지고 태어난 여러 조건들을 가지고 우리가 얼마나 노력을 하느냐 하는 것은 우리의 몫입니다.

그런데 재미있는 것은 사람들마다 이 두 가지 요인이 자신의 인생에 얼마나 영향을 미쳤는지에 대한 평가가 다르다는 것입니다. 성공한 사람들, 사회 지도층에 있는 사람들은 흔히 개인의 노력에 중점을 두는 경향이 있습니다. 그들은 자신이 과거에 극히 열악한 환경 가운데 있었음에도 불구하고 남다른 노력을 기울여서 현재의 자신의 위치에 이르게 되었다는 점을 강조합니다. 그들은 운명론에 빠져서 피동적인 삶을 살아가는 사람들을 싫어합니다. 그리고 자신들의 성공의 공을 가능하면 자신들 스스로에게 돌리려고 합니다.

반면에 사회 밑바닥층에 있는 사람들은 대개 운명론적 인생관을 가지고 있습니다. 그들은 자신들이 지금과 같이 비참한 상태에서 살게 된 것이 자신들이 무엇인가를 잘못 했기 때문이 아니라 운명에 의해 그렇게 정해졌기 때문이라고 생각하기를 좋아합니다. 왜냐하면 그렇게 생각해야 현실을 조금이라도 더 쉽게 견딜 수 있기 때문입니다.

운명과 노력, 이 두 가지가 삶에서 차지하는 비중에 대해 유대교의 분파들은 서로 다른 모습을 보이고 있습니다. 사두개파는 놀랍게도 운명이란 것은 없으며 모든 것은 각자가 노력하기 나름이라는 견해를 보이고 있습니다. 이것이 놀라운 이유는 객관적으로 보았을 때 사두개파야말로 운명론을 견지해야 할 사람들로 보이기 때문이다. 그들이 사두개파로서 유복하게 살고 있는 것은 단순히 그들이 사두개파의 집안에서 태어났기 때문입니다. 사두개파의 아들로 태어났기 때문에 남달리 좋은 교육을 받을 기회를 얻을 수 있었고, 그렇기 때문에 좋은 직업을 얻게 된 것입니다. 하지만 그들은 운명을 거부했습니다. 결국 자신들이 누리는 그 모든 특권은 자신들이 남달리 열심히 노력을 했기 때문이라고 생각했다는 것입니다. 제삼자의 입장에서는 놀라운 일입니다.

바리새파(Pharisees)

이제 바리새파의 신학을 살펴볼 차례입니다. 사두개파와 마찬가지로 그들도 늘 예수님께 질책을 당했습니다. 그 근본적인 이유는 그들이 하나님의 말씀에 자기들 마음대로 무엇인가를 덧붙였기 때문입니다. 사두개파의 경우와는 정반대입니다.

하나님께서는 잠언 30:6에서 "너는 그의 말씀에 더하지 말라 그가 너를 책망하시겠고 너는 거짓말하는 자가 될까 두려

우니라"라고 말씀하셨습니다. 또 성경의 마지막 책인 요한계시록의 마지막 부분에서도 "만일 누구든지 이것들 외에 더하면 하나님이 이 두루마리에 기록된 재앙들을 그에게 더하실 것이요 만일 누구든지 이 두루마리의 예언의 말씀에서 제하여 버리면 하나님이 이 두루마리에 기록된 생명나무와 및 거룩한 성에 참여함을 제하여 버리시리라"(계 22:18, 19)라고 엄중히 경고하고 계십니다. 그런데 바리새인들은 자신들의 말을 하나님의 말씀에 더하는 죄를 저질렀습니다. 이제 그 이야기를 찬찬히 살펴보도록 하겠습니다.

하시딤부터 탈무드까지

하시딤이라는 사람들에 대해서는 이미 앞에서 설명했습니다. 학개, 스가랴 시대에 두 번째 성전을 건축하고, 에스라, 느헤미야 시대에 성벽을 완성했음에도 불구하고, 아무런 변화가 없자 대부분의 사람들은 실망하여 신앙적으로 나태하게 되었습니다. 그런데 그 때 하나님의 말씀을 사랑하고 율법을 실천하며 살려고 노력하는 사람들이 나타났는데 그들을 하시딤이라고 합니다. 그 하시딤의 신학을 그대로 물려받은 것이 바로 바리새파입니다. 그렇기 때문에 하시딤의 신학에 대한 설명이 곧 바리새파의 신학에 대한 설명이 됩니다.

〈울타리를 치다〉 그런데 하시딤이 율법을 철저하게 지키기 위해서 사용한 방법이 상당히 독특합니다. 그들은 율법에 '울타리를 침'을 통해 율법을 보호하려고 했습니다. 무슨 말인지 설명을 하도록 하겠습니다. 여기 소중한 어떤 보물이 있다고 해 봅시다. 그런데 만약 어딘가에서 돌이 날아와서 그 보물에 맞는다면 보물에 상처가 생길 것입니다. 그래서 그 보물의 주인은 그것을 보호하기 위해 그 주위에 '울타리'를 칩니다. 그러면 돌이 날아와서 울타리를 친다 해도 보물은 상처를 입지 않게 될 것입니다.

구체적인 방법은 이렇습니다. 안식일 규정을 예로 들어 보겠습니다. 안식일은 금요일 저녁에 해가 지는 순간에 시작됩니다. 하지만 어떤 사람들이 미처 일 정리를 다 하지 못해서 해가 지는 순간에 일을 계속하고 있을 수 있습니다. 그러면 일 정리를 하는 시간만큼 안식일을 범한 것입니다. 그래서 하시딤들은 그런 일을 방지하기 위해 안식일만은 해가 질 때가 아니라 해가 지기 몇 분 전에 시작되도록 정하는 겁니다. 이를테면 해가 뒷산 언덕 아래로 넘어갈 때가 아니라 뒷산 나무 꼭대기에 닿았을 때를 안식일의 시작으로 보기로 하는 겁니다. 그러면 혹시 어떤 사람이 해가 나무 꼭대기 밑으로 내려왔을 때 일을 했다 해도, 그것은 인간들이 만든 법은 어긴 것이지만 하나님의 원래의 법은 아직 범한 것이 아닙니다. 울타리를 통해 율법이 보호된 것입니다.

또 하나님께서는 율법에서 자주 물로 무엇을 씻는 것에 대해 말씀하십니다. 그러니까 하시딤들은 하나님께서 무엇이든 자주 씻는 것을 좋아하시는 것으로 생각하고 떡 먹기 전에도 손을 씻는 규례를 만들었습니다. 하시딤들은 구약 율법 전체에 대해 이와 같이 더 지키기 어려운 규정들을 꼼꼼하게 만들었습니다. 그리고 이것을 후세에 장려하기까지 했습니다. 나중에 설명하겠지만 유대인들의 중요한 책들 중에 '미쉬나'(Mishnah)라는 것이 있습니다. 미쉬나는 여러 책들로 구성되어 있는데 그것들 중 하나인 '아보트'(Abot)의 첫 장에는 "[모세와 조상들은] 세 가지를 당부했: 재판에 있어서 신중하라. 많은 제자들을 양육하라. 토라를 위해 울타리를 만들라"(아보트 1:1)라는 언급이 있습니다. 참고로 여기서 '많은 제자들을 양육하라'는 말의 뜻은 학생을 많이 가르치라는 것이 아니라 모범적인 삶을 통하여 많은 사람들에게 영향력을 끼치게 되라는 의미입니다.

〈구전율법의 탄생〉 그런데 심각한 문제가 생겼습니다. 하시딤들이 규정들을 만들면 사람들이 그것을 심각하게 받아들여 주어야 하는데, 일반 신자들은 '울타리'의 가치를 인정하지 않았습니다. 자신들이 평생 들어보지 못한 내용을 랍비들이 가르치니까 백성들은 그것을 신적 권위가 있는 것으로 받아들일수 없었던 것입니다. 그들은 그것이 하나님의 말씀이라면 왜 자신들은 그 내용에 대해 지금까지 들어본 적이 없는지, 또 왜 그 내용이 그 어떤 책에도 기록되어 있지 않은지에 대해 질문을 제기했습니다. 당연한 의문입니다.

그래서 하시딤들은 끔찍스러운 일을 합니다. 사람들의 의문에 해답을 제시하고, 자신들이 만들어낸 '울타리'에 신적인 권위를 입히기 위해 엄청난 거짓말을 한 것입니다. 대충 다음과 같은 이야기가 만들어집니다.

> '하나님께서 시내산에서 모세에게 주신 율법은 두 가지이다. 하나는 성문율법(成文律法, written law)이라는 것인데, 하나님께서 모세에게 책으로 기록하라고 하신 것이다. 지금 우리가 가지고 있는 모세오경이 그것이다. 그런데 하나님께서는 모세에게 또 다른 형태의 율법을 주셨다. 하나님께서 모세에게 그것을 기록으로 남기는 것을 금하시고, 오직 그것을 암기하여 아론과 그 아들들과 다음 세대의 종교적 엘리트들에게 전수되도록 하셨다. 그런데 그것이 바로 지금 우리가 당신들에게 가르치는 것으로서 구전율법(口傳律法, oral law)이라고 하는 것이다. 당신들이 지금까지 이 율법에 대해 몰랐던 것은 오직 종교적 엘리트들에게만 전수되어 왔기 때문이다. 그것이 기록되어 있는 책이 없는 이유는 하나님께서 그

것의 기록을 금하셨기 때문이다. 하지만 지금은 말세이고 사회가 너무나 흉악해졌기 때문에 우리 하시딤 지도자들은 일반 백성들에게도 이 구전율법을 공개하기로 결정했다. 그래서 얼마 전부터 당신들에게도 가르치기 시작한 것이다.'

이것이 하시딤들이 만들어낸 구전율법의 스토리였습니다. 일반 백성들은 종교 지도자들이 모두 같이 이런 주장을 하면 그렇게 믿을 수밖에 없는 겁니다. 하시딤들은 자신들이 지금 좋은 일을 하고 있다고 생각했습니다. 왜냐하면 그렇게 해서라도 사람들이 율법을 더 잘 지키게 된다면 하나님이 기뻐하실 것이라고 믿었기 때문입니다.

〈미쉬나의 탄생〉 그래서 구전율법은 시내산에서 모세가 하나님께 직접 받은 것으로서 잘 자리를 잡아 갔습니다. 그런데 주후 70년에 티투스(Titus) 즉 디도 장군에 의해 예루살렘이 파괴되자 문제가 발생했습니다. 구전율법을 가르치는 학교는 예루살렘에 있었습니다. 그 전에는 두 지역 혹은 두 랍비들 사이에 구전율법의 세부사항에 대해 이견이 발생하면 예루살렘이 그 기준 역할을 해 주었습니다. 그래서 늘 변함없는 구전율법의 전승이 가능했습니다. 하지만 예루살렘의 파괴로 인해 그 기준점이 사라진 것입니다. 이제는 이 사람, 저 사람의 구전율법이 달라도 그들 사이에서 옳은 것을 판단해 줄 기준이 없어졌습니다. 그저 목소리 큰 사람이 이기는 상황이 된 것입니다.

그래서 랍비들 사이에서는 이제 구전율법을 모세오경처럼 책으로 기록하자는 의견이 나왔습니다. 그러나 그 의견은 따를 수 없는 것이었습니다. 왜냐하면 사람들이 왜 구전율법은 책에 기록되어 있지 않느냐고 물었을 때 '그것이 책에 없는 이유는 하나님께서 모세에게 시내산에서 그것을 주실 때 기록하지 말라고 명령하셨기 때문이다'라고 설명을 했었기 때문입니다. 구전율법을 책으로 기록하면 자신들이 한 말을 스스로 부정하는 것입니다. 그래서 그들은 오랜 세월 동안 구전율법을 책에 기록하지 않은 채 버텼습니다.

하지만 세월이 흐를수록 구전율법은 점점 훼손되어 갔습니다. 거리가 떨어져 있는 곳의 구전율법들은 서로 내용이 심하게 달라진 것입니다. 랍비들은 이제 그 상황을 더 이상 좌시할 수 없게 되었습니다. 그래서 결국 구전율법을 책으로 쓰기로 결정합니다. 그래서 나온 책이 바로 '미쉬나'(Mishnah)입니다. 히브리어 단어 '미쉬나'의 의미는 '반복'입니다. 미쉬나는 랍비 아키바와 랍비 메이르가 수집한 구전율법을 랍비 예후다 하나시가 주후 200년경에 세포리스(Sefforis)에서 최종 편집하여 만들었습니다.

이 미쉬나라는 것이 우리가 보기에는 좀 이상합니다. 하시담이 기존 율법을 보호하기 위해 인위적으로 '울타리'들을 만들었습니다. 그리고 그것에 신적 권위를 부여하기 위해 허구적인 가르심을 통해 그것을 구전율법이라는 것으로 격상시켰습니다. 그리고 나중에 그것을 책으로 엮은 것이 미쉬나입니다. 그렇기 때문에 우리가 보기에 '미쉬나'는 그냥 인간들의 책, 좋게 말하면 유대교의 경건서적일 뿐입니다. 그 이상도 이하도 아닙니다. 하지만 바리새인들은 구전율법의 신적 권위를 믿었기 때문에 미쉬나를 유대교의 경전으로 취급했습니다.

〈탈무드의 탄생〉 미쉬나는 6권의 책들로 이루어져 있습니다. 유대인들은 미쉬나를 경전으로 보기 때문에 미쉬나 각권에 대한 주석들을 썼습니다. 미쉬나에 대한 주석을 '게마라'라고 합니다. 아람어 동사 '게마르'는 '완성하다' 혹은 '배우다'라는 뜻을 가지고 있습니다. 그러므로 게마라의 뜻은 '완성' 혹은 '배우는 것' 정도가 될 것입니다. 그런데 게마라의 양이 많아지자 미쉬나와 주석들을 따로 관리하는 것이 불편하게 되었습니다. 그래서 두 가지 책들을 하나로 묶자는 의견이 나오게 되었습니다. 그래서 나온 것이 우리가 잘 아는 탈무드입니다. 즉 탈무드는 미쉬나와 게마라의 합본입니다.

히브리어 단어 '탈무드'는 '배우다'라는 뜻의 동사 '라마드'에서 온 것인데, '교육', '연구' 등 다양한 의미를 지니고 있습니다. 탈무드는 그 만들어진 지역에 따라 팔레스타인 탈무드와 바벨론 탈무드의 두 가지가 있습니다. 바벨론 탈무드가 더 나중에 만들어지기는 했지만 앞서 나온 팔레스타인 탈무드를 발전시킨 것은 아닙니다. 두 탈무드들은 별개의 발전과정을 거쳤습니다.

'팔레스타인 탈무드'가 정확히 언제 만들어졌는지는 알 수 없습니다. 4세기 이후인 것은 확실하고, 대략 주후 600년에 완성된 바벨론 탈무드 이전에 만들어진 것도 확실한데 정확한 연도는 알 수가 없습니다. 팔레스타인 탈무드가 만들어질 당시의 팔레스타인의 상황이 너무나 안 좋았기 때문에 팔레스타인 탈무드는 바벨론 탈무드에 비해 양도 적고 내용도 만족스럽지 못하다는 평을 듣고 있습니다. 팔레스타인 탈무드는 예루살렘의 지명을 따서 '탈무드 예루샬미'(Talmud Yerushalmi)라는 애칭으로 흔히 불립니다. 하지만 예루살렘에서 편집된 것은 아니므로 팔레스타인 탈무드라는 명칭이 더 정확합니다.

'바벨론 탈무드'는 팔레스타인 탈무드에 비해 훨씬 안정된 상황 속에서 만들어졌습니다. 그 편집 작업은 라브 아쉬(Rav Ashi, 주후 427년에 사망), 라비나 2세(Rabbina II, 주후 500년에 사망) 등에 의해 이루어졌는데, 그 작업은 대략 주후 600년경에 완료되었습니다. 바벨론 탈무드는 유대인들에게 팔레스타인 탈무드보다 더 큰 권위를 가지고 있습니다. 그렇기 때문에 별도의 설명 없이 그냥 탈무드라고 하면 그것은 바벨론 탈무드를 말합니다.

바벨론 탈무드는 편집이 완료되자 마자 그것에 대해 어떤 정경성이 부여되었습니다. 그 이후의 랍비들은 탈무드에 거의 추가해 넣은 것이 없습니다. 대표적인 랍비들은 바벨론 탈무드를 조상들의 가르침의 정통성 있는 버전으로 인정하고 이것을 모든 유대인 세계에 파급시켰습니다. 그래서 오늘날 탈무드가 유대교의 경전 중 하나로 대접을 받게 된 것입니다. 탈무드 외의 다른 경전은 당연히 구약성경입니다.

하시딤의 울타리를 치는 작업부터 탈무드에 이르는 과정을 단순하게 요약하면 다음과 같습니다. 하시딤이 율법에 울타리를 치는 작업을 함 → 그것이 구전율법으로 승격됨 → 구전율법을 편집하여 미쉬나를 출간함 → 미쉬나에 대한 주석서인 게마라가 등장함 → 미쉬나와 게마라를 합하여 탈무드를 출간함(먼저 팔레스타인 탈무드, 나중에 바벨론 탈무드 완성)

구전율법에 대한 예수님의 반응

성경에도 구전율법이 등장합니다. 복음서에 가끔 등장하는 '장로들의 전통'이라는 것이 바로 그것입니다. 마태복음 15:1-3을 예로 들겠습니다.

"¹ 그 때에 바리새인과 서기관들이 예루살렘으로부터 예수께 나아와 이르되 ² 당신의 제자들이 어찌하여 장로들의 전통을 범하나이까 떡 먹을 때에 손을 씻지 아니하나이다 ³ 대답하여 이르시되 너희는 어찌하여 너희의 전통으로 하나님의 계명을 범하느냐."

바리새인들은 자신들이 구전율법을 지킨다는 사실에 대해 대단한 자부심을 가지고 있었습니다. 다른 사람들은 제대로 알지도 못하는 것을 자신들은 매일 실천하며 살고 있었기 때문입니다. 물론 지키는 것이 무척 힘들기는 했지만, 그 덕분에 자신들이 남들보다 더 경건한 자들이라는 긍지를 느낄 수 있었습니다. 그래서 이 날도 예수님에게 자신 있게 제자들의 잘못을 지적하고 있습니다.

그런데 예수님의 대답이 대단히 충격적입니다. 첫째, 장로들의 전통을 '너희의 전통'이라고 폄하하십니다. 바리새인들은 구전율법, 즉 장로들의 전통이 모세가 시내산에서 받은 거룩한 것이라고 믿고 있었습니다. 그런데 예수님께서는 그것을 단지 '너희들의 전통'일 뿐이라고 깎아내리고 계신 것입니다. 물론 하시딤들이 처음에 그것을 만들 때는 좋은 의도로 만들었다는 것을 예수님도 아셨을 것입니다. 하지만 그것을 하나님의 말씀이라고 해서는 안 됩니다. 그 어떤 좋은 의도를 가지고 있다 해도 인간의 말을 하나님의 말씀으로 격상시키는 것은 엄청난 범죄행위입니다. 그런데 바리새인들은 그런 일을 하고 있었고 예수님께서는 그것을 정확하게 지적하고 계신 것입니다.

둘째, 예수님께서는 "어찌하여 너희의 전통으로 하나님의 계명을 범하느냐"라고 말씀하십니다. 이것은 바리새인들에게는 결정적인 치명타입니다. 그들이 애지중지하는 장로들의 전통이라는 것은 하나님의 계명이 아닐 뿐만 아니라 그것은 하나님의 계명에 반하는 것이라는 것입니다.

바리새인들은 이 말을 듣고 깊은 상처를 받습니다. 그들이 깊은 상처를 받은 이유는 장로들의 전통을 지킨다는 것이 그들에게는 엄청난 긍지였기 때문입니다. 그것을 지키는 것은 결코 쉬운 일이 아닙니다. 하지만 그들은 그것을 꾸준히 지켜 왔습니다. 한두 해가 아니라 평생 동안 말입니다. 그리고 그것이 하나님을 기쁘게 해드리는 일이라고 믿었습니다. 그런데 예수님의 말씀이 그것은 하나님의 계명도 아닐 뿐 아니라 오히려 하나님의 계명에 반하는 것이라는 것입니다. 그러니 그들은 분노할 수밖에 없었습니다. 이제 예수님을 제거하기 전에는 자신들의 종교적 삶이 무의미한 쓰레기가 될 수밖에 없는 겁니다.

예수님께서 장로들의 전통을 비난하신 이유

그렇다면 예수님께서는 왜 그토록 강도 높게 바리새인들을 비난하셨겠습니까? 첫째, 가장 근본적인 이유는 인간들의 말을 하나님의 말씀의 위치로까지 높였기 때문입니다. 이것은 그 어떤 이유로도 용납될 수 없는 일입니다.

둘째, 그들이 만들어낸 구전율법은 가난한 자들은 지킬 수 없는 것이었습니다. 하나님께서 율법을 주실 때는 모든 사람이 정상적인 일상생활을 하면서도 지킬 수 있도록 적절하게 주셨습니다. 하지만 바리새인들은 그 율법을 더 엄격하게 만들어 놓음으로써 생업에 쫓기는 일반 백성들은 도저히 지킬 수 없도록 만들어 버린 것입니다. 그리고서는 그들이 율법을 지키지 않는다고 그들을 비난했습니다. 더구나 구전율법은 책에 기록되어 있지도 않았습니다. 그러므로 일반 백성들은 구전율법을 알려고 해도 알 수도 없었습니다. 그렇기 때문에 예수님께서는 바리새인들을 비난하신 것입니다.

셋째, 이것은 성경 외부에 자료에 근거한 설명인데 바리새인들은 구전율법을 가지고 자기들끼리 경건싸움을 했습니다. 바리새파의 각 계파들은 서로 더 지키기 어려운 규정들을 만들어내고 자신들은 다른 계파보다 더 어려운 것을 지킨다고 하여 자신들이 저들보다 더 우월하다고 자랑을 했습니다. 위선적인 모습을 보인 것입니다.

바리새파의 특징

앞에서 사두개파의 특징을 설명했듯이 이제 바리새파의 특징을 설명하도록 하겠습니다.

그들은 중산층이었다.

사두개파가 종교귀족이었고 엣센파가 최하층의 삶을 살았던 반면 바리새파는 중산층의 삶을 살았습니다.

성문율법과 함께 구전율법을 인정했다.

그들은 성문율법과 구전율법 모두를 하나님의 말씀으로 인정하는 엄청난 과오를 저질렀습니다. 그런데 문제는 이들의 이런 입장이 오늘날 유대교 전체의 입장이 되었다는 것입니다. 그 이유는 네 개의 분파들 중 주후 70년 이후에 살아남은 분파가 바리새파밖에 없기 때문입니다. 사두개파는 성전의 파괴와 더불어 역사에서 영영 사라졌습니다. 엣센파도 주후 68년에 로마군에 의해 완전히 파괴되었습니다. 잠시 후에 설명할 열심당은 로마에 대한 항쟁에서 주도적 역할을 했던 사람들이기 때문에 전쟁이 끝난 후 완전히 맥이 끊겨 버렸습니다. 결국 성전 없이 율법을 연구하는 것만으로도 명맥을 유지할 수 있었던 바리새파만이 전쟁 후에 살아남았습니다. 그런데 그들은 구전율법을 주장하는 사람들이었고 그래서 지금의 유대교도 구전율법을 지키고 있습니다.

천사를 인정하고, 천사들과 마귀들의 서열에 관하여 상당히 발달된 견해를 취했다.

이것은 바리새파가 성문율법과 구전율법 모두를 인정한 것의 당연한 결과입니다. 구전율법 속에는 천사들과 마귀들에 대한 자료가 많이 있습니다. 영혼과 부활을 인정하고 죽음 이후의 상급과 형벌을 믿었다.

이것 역시 그들이 성문율법과 구전율법 모두를 인정한 것의 결과입니다. 모세오경 외의 구약 다른 본문들 속에는 그런 주제들이 심심치 않게 등장합니다. 욥기에는 사탄이 등장합니다. 욥기 19:26은 영혼의 존재를 말합니다: "내 가죽이 벗김을 당한 뒤에도 내가 육체 밖에서 하나님을 보리라." 다니엘 12:2은 부활에 대해 말합니다: "땅의 티끌 가운데에서 자는 자 중에서 많은 사람이 깨어나 영생을 받는 자도 있겠고." 그리고 다니엘 12:3은 천국에서의 상급에 대해 말합니다: "지혜 있는 자는 궁창의 빛과 같이 빛날 것이요 많은 사람을 옳은 데로 돌아오게 한 자는 별과 같이 영원토록 빛나리라."

인간 평등을 강력히 옹호했다.

이것은 바리새인들이 중산층이었기 때문에 나온 결과입니

다. 그들은 마을에서 일반 백성들과 더불어 사는 사람들이었습니다. 성경을 통해 바리새인들을 접하는 우리는 그들을 위선자로만 알고 있지만 당시 이스라엘 사람들은 바리새인들에 대해 그리 나쁜 평판을 가지고 있지 않았습니다.

그들의 가르침의 강조점은 신학보다는 윤리적인 것이었다.
바리새인들은 낮에는 각자 자신의 직업에 종사했고 저녁에는 율법을 연구하거나 마을 사람들을 가르쳤습니다. 그렇기 때문에 그들은 사두개파와는 달리 항상 일반 백성들 사이에서 살아갔습니다. 그래서 그들은 백성들의 일상적인 문제에 관심이 많았고, 그들이 다루는 문제는 윤리적인 것이 많았습니다.

운명과 개인의 노력을 모두 인정했다.
사두개인들은 모든 것은 개인이 하기 나름이며 운명이라는 것은 없다는 입장을 취한 반면 중산층이었던 바리새인들은 운명과 개인의 노력 모두를 인정하는 입장을 보였습니다.

엣센파(Essenes)
엣센파라는 사람들은 주후 37년에 태어나 100년경에 로마에서 죽은 요세푸스의 책들 속에 등장합니다. 사람들은 그들의 존재에 대해서는 요세푸스의 책을 통해 알고 있었지만 그들에 대한 고고학적 자료는 전혀 가지고 있지 않았습니다. 그러다가 1947년에 베두인 목동들에 의해 쿰란(Qumran) 동굴들이 발견되었는데, 대부분의 학자들은 쿰란 공동체와 요세푸스가 말한 엣센파를 동일시하고 있습니다. 그래서 여기서도 쿰란 동굴에서 발견된 자료들을 중심으로 해서 엣센파에 대해 설명하려고 합니다.

엣센파의 특징

근본적으로 제사장 공동체이다.

그들은 예루살렘에서 요나단 왕이 대제사장의 자리에 오르자 거기에 반대하여 쿰란으로 온 사람들입니다. 그런데 어떤 사람들이 가장 잘못된 대제사장에게 반기를 들었겠습니까? 아마도 요나단이 대제사장이 되지 않았더라면 대제사장이 될 수 있었던 사람과 그의 측근들이었을 것입니다. 사람은 자신과 이해관계가 있을 때에야 적극적인 행동을 취하는 법입니다. 그런데 엣센파는 제사장적인 공동체를 이루었습니다.

예루살렘의 유대인들과는 다른 달력(양력)을 사용했다.

앞에서 설명했듯이 유대인들의 달력은 음력입니다. 그런데 음력에는 윤달이 있어야 하고 양력보다 계산하기가 복잡합니다. 그래서 매년 초가 되면 예루살렘에 있는 대제사장이 그 해의 달력을 반포했습니다. 그러면 전세계에 있는 유대인들이 그 달력을 기준으로 삼아 한 해 동안 생활을 했습니다.

  이 말은 매년 달력의 구체적인 날 수 등을 예루살렘에서 계산해서 결정했어야 했다는 의미는 아닙니다. 달력은 매우 규칙적으로 정해졌기 때문에 매년 따로 계산을 할 필요는 없었습니다. 지금 우리가 가지고 있는 유대 달력 컴퓨터 프로그램을 사용하면 그 당시의 달력까지 정확하게 알아낼 수 있습니다. 달력 자체가 가변적이어서 매년 예루살렘에서 달력의 내용을 결정해야 했다는 뜻은 아닙니다. 다만 상징적 행위로서 예루살렘의 대제사장이 매년 초에 유대인들의 달력을 공포했다는 뜻입니다.

  그런데 쿰란에 모여 살던 엣센파들은 예루살렘에 있는 대제사장이 공포하는 그 달력을 사용할 수가 없었습니다. 왜냐하면 그들은 그 대제사장의 권위를 인정할 수 없었기 때문입니다. 그래서 그들은 새로운 달력을 만들어내기로 했습니다. 하지만 또 다른 음력을 만들어내는 것은 별 의미가 없습니다. 달의 모양은 어디를 가나 똑같기 때문에 예루살렘 달력과 전혀 다른 음력을 만들어낼 수는 없었습니다. 그래서 그들이 선택한 것이 양력 달력을 채용하자는 것이었습니다. 그래서 엣센파는 유대인들 중에서는 유일하게 양력을 사용했습니다.

자신들의 지도자를 '의(義)의 교사'(the teacher of righteousness)라고 불렀다.

그들은 특이하게도 자신들의 지도자를 '의의 교사'라고 불렀습니다. 그는 아마도 예루살렘에 있는 '가짜' 대제사장에 의해 자리에서 쫓겨난 '진짜' 대제사장이었을 것입니다.

원칙적으로 결혼을 정죄하지는 않았으나 결혼을 피했다.

그들은 대단히 금욕적인 삶을 살았습니다. 왜냐하면 매일 매순간이 위기의 연속이었기 때문입니다. 어느 날 예루살렘에 있는 왕이 자신들을 해치기 위해 군대를 보내면 자신들은 꼼짝없이 죽을 수밖에 없습니다. 이런 상황 속에서 살아가는 사람들은 금욕적인 삶을 살게 마련입니다. 그리고 금욕의 대표적 상징은 결혼을 하지 않는 것입니다. 그래서 그들도 결혼을 피했습니다. 결혼을 하지 않았는데도 공동체가 계속 이어질 수 있었던 것은 그들이 양자를 들였기 때문입니다.

극심한 이분법을 사용했다.

이것은 그들이 환난 공동체였기 때문에 생긴 현상일 것입니다. 평화시에는 우리 주위의 사람들을 다양한 각도로 바라봅니다. 하지만 전쟁이 일어나면 모든 사람은 같은 편 아니면 적이 됩니다. 쿰란 공동체는 언제 왕이 보낸 군대에 의해 멸망을 당할지 알 수 없는 상황 속에서 살았던 사람들입니다. 그렇기 때문에 그들은 모든 것을 이분법적 관점에서 바라보았습니다. 자신들은 빛의 자녀들, 예루살렘의 대제사장 추종세력들은 어둠의 자녀들, 지금은 사탄이 득세하고 있는 악의 세상, 앞으로 올 세상은 하나님이 다스리시는 선의 세상, 이런 식입니다.

빛과 태양을 중시했다.

이들은 이분법을 사용하여 세상을 바라보았기 때문에 빛과 어둠 중에서 빛을 중시했습니다. 그렇다고 해서 태양이나 빛을 숭배한 것은 아닙니다. 이들의 하루 일과는 아침에 동굴 입구에서 동쪽을 바라보며 명상을 하는 것으로 시작되었습니다. 또 이들은 태양이 떠오르는 동쪽을 중시하여 그들의 무덤을 보면 머리가 항상 동쪽을 향하고 있습니다. 예루살렘이 서쪽에 있었기 때문에 그 반대쪽을 좋아한 것 같기도 합니다.

극단적 운명론자들로서 발생하는 모든 일들을 운명의 탓으로 돌렸다.

운명과 개인의 노력에 대해 어떤 견해를 가지고 있느냐 하는 것이 사두개파와 바리새파, 그리고 엣센파의 특징이 되고 있습니다. 사회적 고위층이었던 사두개파는 운명을 부정했고, 중산층이었던 바리새파는 양쪽 모두를 인정했습니다. 반면 경제적으로나 사회적으로 가장 어려운 생활을 했던 엣센파는 모든 것을 운명의 탓으로 돌리는 인생관을 가지고 있었습니다.

   그것은 우리에게 시사하는 바가 큽니다. 세 분파들은 모두 자신들이 하나님의 말씀에 근거하여 가장 정확한 인생관을 가지고 있다고 생각했을 것입니다. 하지만 결과를 보면 그들이 취한 인생관은 그들의 사회적 계급의 보편적인 인생관과 일치합니다. 어느 시대 어느 사회에서든지 최고위층들은 자신들이 누리고 있는 것의 원인을 자신들의 노력으로 돌리려 하고, 최하위층들은 자신들의 고난의 원인을 운명의 탓으로 돌리려 합니다. 그리고 어느 사회에서건 중산층들은 가장 합리적이고 상식적인 인생관을 가지고 있습니다. 이것은 우리가 신앙이 있다고 해도 얼마나 쉽게 우리가 속한 사회적 계급의 이데올로기에 의해 영향을 받을 수 있는가 하는 것을 보여 주는 좋은 예입니다. 완전히 객관적이고 합리적인 인생관을 가지고 산다는 것은 불가능한 일입니다. 자신이 그런 삶을 살고 있다고 주장하는 사람이 있다면 너무 오만하거나 무식한 것입니다. 우리가 역사를 통해 배워야 할 것은 열린 마음의 자세입니다. 하나님의 절대적 진리에 반하는 것이 아닌 이상 다른 사람의 생각을 존중하고 인정할 수 있는 자세를 가져야 합니다. 그것이 우리가 역사를 공부하는 이유입니다.

구전율법(oral law)을 인정했다.

엣센파 역시 바리새파와 마찬가지로 구전율법을 인정했습니다. 그렇기 때문에 영혼의 불멸과 천국, 지옥, 천사, 사탄의 존재를 모두 인정했습니다.

입교시에 경건과 순종의 엄숙한 맹세를 해야 했다.

이들은 아주 단단한 결속력을 가진 공동체 생활을 했습니다. 따라서 입교시에는 엄숙한 맹세를 해야 했고 일정 기간의 견습 생활을 마친 후에야 엄격한 심사를 통해 정식 회원이 될 수 있었습니다.

토라의 정결법을 엄격하게 준수했다.

이들은 핍박의 위협을 항상 받고 있었고 곧 다가올 세상과 마지막 때를 고대하는 삶을 살고 있었습니다. 그렇기 때문에 그들은 자신들의 몸과 마음을 항상 정결하게 유지하기 위해 노력했습니다.

재산의 공동소유를 실천했으며 강한 상호책임감을 가지고 있었다.

이들은 이제 곧 세상의 끝이 올 것이라는 기대감을 가지고 살고 있었기 때문에 재산을 공동으로 소유했습니다. 그들은 지금의 세상은 한시적이라는, 언제 끝날지 모른다는 생각을 늘 가지고 있었습니다.

매일의 예배와 성경 연구를 강조했다.

이들은 기도와 더불어 성경 연구를 중시했습니다. 이들이 쓴 성경 주석을 '페셔'라고 합니다. 필자가 네덜란드 유학시절에 랍비아람어를 배울 때, 독해용 교재로 가장 먼저 사용한 것이 '페셔 하박국' 즉 엣센파가 쓴 하박국 주석서였습니다. '페셔'의 특징은 세상의 모든 것을 엄격한 이분법적 관점에서 본다는 것과 구약성경 전체를 자신들의 관점에서 해석한다는 것입니다. 그들은 구약의 많은 구절들이 자신들의 때를 이야기하고 있으며 자신들이야말로 예언자들이 오래 전부터 예언하던 바로 그 남은 자들이고 마지막까지 하나님의 언약에 충실한 의인들이라고 생각합니다. 그래서 구약을 해석할 때 늘 아전인수격으로 자신들의 이야기를 거기에 투영해 넣으며 해석했습니다.

묵시적 종말론을 신봉하여 많은 묵시문헌들을 남겼다.

엣센파는 묵시문헌을 많이 남겼습니다. 그런데 신약성경 중에서 요한계시록이 장르상 묵시문헌에 해당됩니다. 그래서 이 부분은 항목을 달리해서 따로 자세히 설명하려고 합니다.

예언서와 묵시문헌의 차이

묵시문헌을 이해하기 위해서는 우선 일반적인 예언서와 묵시문헌의 차이를 알아야 합니다. 예언서 혹은 선지서의 범위를 아주 넓게 잡을 경우에는 묵시문헌도 예언서에 포함되게 됩니다. 즉 묵시문헌이 예언서의 진부분집합이 됩니다. 둘 다 하나님의 부르심을 받은 사람들이 다른 이들에게 하나님의 뜻을 전해 주는 형식의 문헌이니 말입니다. 그런데 예언서의 범위를 아주 좁게 잡을 경우가 있습니다. 묵시문헌과 일반 예언서를 구별하고 싶은 경우입니다. 그럴 경우에는 일반적인 예언서와 묵시문헌의 차이를 설명해야 합니다.

〈**묵시문헌과 하나님의 계시**〉 보통 요한계시록의 문학 장르를 묵시문헌으로 봅니다. 그런데 이것은 요한계시록이 하나님의 초자연적 계시의 결과라는 것을 무시한다는 것이 아닙니다. 묵시문헌은 문학 장르의 명칭입니다. 시편이 하나님의 영감으로 쓰였지만 시편의 문학 장르는 '시'입니다. 시편의 문학적 장르가 시라고 한다고 해서 그것이 하나님의 계시임을 부정하는 것이 아니듯이, 성경의 어떤 책들의 문학적 장르가 묵시문헌이라고 한다고 해서 그것이 하나님의 계시임을 부정하는 것은 아닙니다. 하나님께서는 성경 기록자들을 통해 우리에게 계시를 주실 때 사람들이 이미 익히 알고 있는 문학 장르의 형식을 빌어서 주셨습니다. 그것들이 때로는 시이기도 했고 잠언집이기도 했고 묵시문헌이기도 했던 것입니다.

구약성경 중에서 어떤 것을 묵시문헌으로 보느냐 하는 것은 사람마다 다릅니다. 하지만 보통 이사야서 55-66장, 스가랴 12, 14장, 다니엘 7-12장 등을 묵시문헌으로 봅니다. 묵시문헌의 특징은 여러 가지가 있습니다. 일반 예언서와 묵시문헌의 특징을 아주 짧게 설명하라고 하면, 아직 나라가 망하지 않아서 주의 백성들이 어떻게 할 수 있는 일이 남아 있을 때 주시는 예언서는 일반 예언서이고, 이미 나라가 완전히 망해서 인간적인 방법으로는 할 수 있는 일이 없어졌을 때 주시는 것이 묵시문헌이라고 보면 됩니다.

바벨론에게 나라가 망하기 전에는 하나님께서 '너희들 그러다가 나에게 혼난다. 이렇게 저렇게 행동을 고쳐라'라는 메시지를 주로 주셨습니다. 그것은 일반 예언서입니다. 하지만 나라가 망해서 주의 백성들이 포로로 끌려가서 노예생활을 하고 있을 때 그들에게 '너희는 이렇게 저렇게 착하게 살아라'라고 한다면 그것은 아무 의미가 없는 말씀이 됩니다. 왜냐하면 그들에게는 행동의 자유가 없기 때문입니다. 그런 상황에서는 '낙심하지 말고 인내해라. 하나님께서 기적적인 방법으로 너희를 구해내실 것이다. 주님의 역사하심을 기다하며 참고 가다리라'라고 메시지가 주어집니다. 그것이 묵시문헌입니다.

바로 이런 이유 때문에 묵시문헌의 특징으로 지적되는 것이 무엇이냐 하면 묵시문헌에는 윤리적 결단에 대한 요구가 없다는 점입니다. 나라가 망하기 전에는 윤리적 결단을 요구하는 메시지가 의미를 갖습니다. 하지만 이미 나라가 다 망해서 쇠사슬에 묶인 채 노예생활을 하고 있는 자들에게는 그런 메시지가 의미가 없습니다. 사실 요한계시록에서도 4장 이후부터는 윤리적 결단을 요구하는 메시지가 거의 없습니다. 성도들은 극심한 환난을 당하고 있기 때문입니다. 그래서 윤리적 측면을 강조하는 성경학자들은 요한계시록의 문학적 장르를 묵시문헌으로 국한하는 것을 무척 싫어합니다. 그래서 그들은 흔히 요한계시록의 문학 장르로서 서신서와 (일반) 예언서를 끼워 넣는 것을 좋아합니다.

묵시문헌의 특징

자, 지금부터 설명하는 것에 대해서는 오해가 없어야 합니다. 이것은 성경에 등장하는 묵시문헌들에 대한 설명이 아닙니다. 이를테면 스가랴나 요한계시록에 대한 설명이 아니라는 것입니다. 사람들이 자기들의 머리로 쓴 순수한 문학작품으로서의 묵시문헌이라는 장르에 대한 설명입니다.

구약 시대에 하나님께서 묵시문헌 형식으로 사람들에게 계시를 전해 주시자 사람들은 그것에 의해 큰 은혜와 위로를 받았습니다. 그런데 우리가 알다시피 말라기 선지자 이후에 하나님께서는 더 이상 선지자들을 보내주시지 않았습니다. 그러자 사람들은 스스로 묵시문헌의 형식을 빌려 책을 쓰기 시작했습니다. 그리고 많은 사람들이 그 책을 읽고 위로와 힘을 얻게 되자, 묵시작가들은 더 많은 책들을 썼습니다. 그래서 신구약 중간기에는 묵시문헌이라는 문학 장르가 인기를 얻게 되었습니다.

아래에서 설명하는 것은 하나님의 계시로서의 묵시록이 아니라 신구약 중간기 때 인기를 얻었던 묵시문헌이라는 문학 장르에 대한 설명입니다. 이것을 설명하는 이유는 하나님께서 신약성경에서 요한계시록을 주실 때 묵시문헌이라는 장르를 사용하여 계시를 주셨기 때문입니다. 요한계시록을 올바로 이해하기 위해서는 묵시문헌이라는 장르를 잘 알아둘 필요가 있습니다.

현재의 세상에 대한 비관론

앞에서 일반적인 예언서와 묵시문헌의 차이는 그 계시가 주어진 것이 나라가 완전히 망하기 전이냐 아니면 그 후냐의 차이라고 말했습니다. 묵시문헌은 대개의 경우 나라가 망한 후에 쓰였기 때문에 현실에 대해 대단히 부정적인 입장을 취합니다. 지금의 세상은 마귀들이 세력을 휘두르는 세상이고 앞으로 올 세상은 하나님이 다스리시는 세상이 될 것입니다.

시대들에 대한 결정론

묵시문헌에서는 세상의 역사는 하나님에 의해 창세전에 철저히 그 기간들이 예정되어 있다는 견해를 취합니다. 어떤 유대인 마을의 상황을 상상해 봅시다. 사람들 중 일부는 순교를 당했고 일부는 감옥에 있습니다. 나머지 사람들도 이제 어떻게 될지 모르는 상황입니다. 그 때 어떤 젊은이가 묵시작가에게 묻습니다. (여기서 랍비라고 하지 않고 묵시작가라는 표현을 쓴 것은 토라를 중시하던 바리새파 정통 랍비들이나 현체제를 옹호하던 사두개파 사람들은 묵시문헌을 싫어했기 때문입니다. 묵시문헌은 대중적인 인기는 있었지만 랍비들로 대표되는 정통 유대교에서는 아웃사이더로 취급되고 있었습니다.) "스승님, 질문이 있습니다." "그래, 물어보게나." "하나님께서 저희를 정말 사랑하십니까?" "그럼, 정말로 사랑하시고 말고, 세상에 수많은 민족들이 있지만 하나님께서는 오직 우리 유대민족만을 택하셨다네." "예, 알겠습니다. 그런데 그 하나님께서 정말로 전지전능하시나요?" "당연하지, 우리 하나님께서는 전지전능하신 분이시라네. 세상의 모든 것을 그분이 창조하시고 항상 모든 것을 다스리고 계시다네." "스승님, 그럼 한 가지 질문만 더 드리겠습니다." "그렇게 하게나." "하나님께서 정말 우리를 사랑하시고, 또 전능하기도 하시다면, 우리가 지금 왜 이 모양이죠?"

이것은 대단히 심각한 질문입니다. 사실 지금 우리들이 묻는 질문이기도 합니다. 현실에는 고난이 있습니다. 때로는 견디기 힘든 고난이 있습니다. 그런데 우리는 그런 중에도 두 가지를 믿어야 합니다. 첫째는 하나님의 사랑이고, 둘째는 하나님의 전능하심입니다. 그런데 우리의 현실은 둘 중 하나는 아닐 것이라고 우리에게 소리칩니다. 하나님은 우리를 사랑하시지 않거나 우리의 문제를 해결해 주실 능력이 없으실 것이라고 소리칩니다. 당시의 묵시작가들에게도 이것은 큰 문제였습니다.

그래서 그들이 만들어낸 답변이 바로 '결정론'이라는 것입니다. 앞에서 예를 들었던 대화에서 묵시작가는 젊은이에게 이렇게 대답합니다. "자네가 몇 년 동안 먼 곳으로 여행을 가게 된다면 치밀하게 계획을 세우지 않겠는가? 며칠부터 며칠까지는 어디로 가고, 그 다음에 며칠까지는 어디에서 머물고 하는 계획을 상세히 세우고 나서야 길을 떠나겠지? 그래야 시간을 낭비하지 않을 테니까 말일세. 하나님께서도 마찬가지라네. 세상을 만드실 때 역사의 모든 기간들에 대해 계획을 세우셨다네. 그런데 그 계획에 따르자면 어떤 때는 다윗 왕이 다스릴 때처럼 의인들이 흥왕하는 시대가 있는 반면, 어떤 때는, 우리가 그 이유를 다 알 수는 없지만, 하나님을 대적하는 원수들이 흥왕하는 시대가 있다네. 그런데 그만 우리가 태어난 이 시대가 악한 자들이 흥왕하도록 하나님께서 정해 놓으신 그 시대라네. 유감이지만 어쩔 수가 없다네."

이렇게 설명을 하면 하나님의 사랑과 전능하심에 타격을 입히지 않으면서도 지금 그들이 왜 그토록 고통을 당하지 않을 수 없는지를 쉽게 설명할 수 있습니다. 그래서 신구약중간기의 묵시문헌에는 하나님이 시대들을 미리 예정하셨다는 설명들이 많이 등장합니다. 그것을 결정론이라고 합니다.

종말의 임박성

묵시작가의 설명에 만족한 젊은이는 궁금한 생각이 들어도 또 그에게 묻습니다. "스승님, 잘 알겠습니다. 하나님께서 우리를 사랑하시지 않거나 능력이 약하신 것이 아니었군요. 참 다행입니다. 그러면 스승님, 지금 우리가 겪고 있는 고난은 언제가 돼야 끝나는 겁니까?" 그런데 만약 이 질문에 대해 묵시작가가 "아, 앞으로 남아 있는 기간 말인가? 내가 이미 하나님께 여쭤 봤는데 앞으로 250년 동안은 계속 될 것이라고 하시더군"이라고 답을 한다면 어떻게 되겠습니까? 그 젊은이와 사람들은 낙심하고 말 것입니다. 평생을 이렇게 고통스럽게 지내느니 차라리 배교를 하고 말겠다는 생각을 하게 될 것입니다. 그래서 묵시문헌에서는 종말까지의 시간이 항상 얼마 남지 않았다고 말합니다. 그래야 환난 중에 있는 하나님의 백성들에게 위안이 될 수 있기 때문입니다. 그것을 종말의 임박성이라고 부릅니다.

상징적인 언어의 사용

묵시문헌은 핍박 받는 자들의 용어로 기록되어 있습니다. 그들은 핍박자들이 멸망하기를 원해서 그것을 책에 써 넣는데, 만약 그것을 핍박자들 자신이 쉽게 해독할 수 있다면 그 책은 살아남을 수 없을 것입니다. 그래서 묵시문헌에는 항상 상징적인 언어들이 차고 넘칩니다. 그것들은 핍박을 받는 독자들은 쉽게 이해할 수 있지만 핍박자들은 알아차리기 힘든 것들입니다.

계시의 안내자 역할을 하는 유명한 인물이나 천사

만약 어느 날 묵시작가가 사람들을 모아 놓고 "여러분, 제가 어제 밤에 꿈을 꾸었는데 우리 마을의 미래의 모습을 볼 수 있었습니다. 하나님께서 우리의 소원을 다 이루어주셔서 원수들이 다 물러가고 마을이 평화롭게 되는 꿈을 꾸었습니다"라고 말한다고 해봅시다. 그러면 사람들은 우선 기뻐하겠지만

"우리 스승님이 혹시 개꿈을 꾼 것은 아닐까?"라고 의심을 할 수도 있습니다.

그런데 묵시작가가 이렇게 말한다고 해 봅시다. "여러분, 제가 어젯밤에 꿈을 꾸었는데 천사장 미가엘이 내 옆에 있었습니다. 미가엘이 나에게 말하기를 '나와 같이 하늘로 올라가자'라고 했습니다. 그래서 미가엘과 함께 하늘에 올라갔는데, 그가 나를 계속 데리고 다니면서 놀라운 것들을 보여 주었습니다"라고 한다면 사람들은 묵시작가의 말을 좀 더 신뢰하게 될 것입니다. 왜냐하면 천사장 미가엘이 직접 나타나 계시를 주었다면 그것은 믿을 만하다고 생각할 것이기 때문입니다. 그래서 묵시문헌에는 계시를 보는 자가 스스로 그것들을 보는 것이 아니라 구약성경의 유명한 인물이나 천사가 나타나서 그를 안내하고 계시를 보여주었다고 하는 경우가 많습니다.

악인들에 대한 엄중한 심판과 의인들에 대한 초자연적 구원

묵시문헌이 그리고 있는 시대는 대개 선인들, 하나님을 잘 믿는 자들이 약하여져서 고난을 받고 있는 시대입니다. 그들은 사악한 자들을 심판하고 의인들을 구원하고 싶지만 스스로의 힘으로는 그것이 불가능합니다. 그래서 묵시문헌들 속에서는 항상 하나님께서 직접 개입하셔서 초자연적 능력을 통해 사악한 자들을 엄중하게 심판하시고 의인들에게 상을 베푸십니다.

구약의 저명한 인물들을 저자로 내세움

어느 날 묵시작가가 책을 다 쓴 후에 그것을 사람들에게 읽어줍니다. 사람들은 그 내용을 듣고 감격에 겨워서 눈물을 흘립니다. 그리고 나서 묵시작가에게 묻습니다. "스승님, 그 책 정말 좋습니다. 큰 은혜를 받았습니다. 그런데 그 책은 누가 쓴 것입니까?" 그 때 만약 묵시작가가 "아, 이 책이요? 제가 어제 쓴 것입니다."라고 한다면 어떻게 되겠습니까? 사람들은 다시 절망하고 말 것입니다. 왜냐하면 그 사람은 그렇게 큰 계시를 보여줄 만한 영적 권위를 가지고 있지 않기 때문입니다.

그렇기 때문에 묵시문헌의 저자들은 자신의 이름이 아니라 구약성경의 유명한 인물들을 저자로 내세웠습니다. 그들이 사용한 저자들은 책을 썼을 것 같은데 의외로 안 쓴 사람들이 대부분입니다. 이를테면 에녹이 있습니다. 에녹은 삼백 년 동안이나 하나님과 동행 했던 사람입니다(창 5:22). 그러므로 그는 하나님께 직접 보고 들은 것들이 많았을 것입니다. 에녹은 책을 꼭 썼을 것 같은데 책을 쓰지 않았습니다. 그래서 어떤 사람이 묵시문헌을 쓰고는 저자를 에녹이라고 붙여 놓았습니다.

지금은 이런 일을 하면 저작권법에도 걸리고 부도덕한 행위로 간주되지만 당시에는 별로 문제될 것이 없었습니다. 책을 쓴 사람들은 하나님의 백성들의 신앙심을 고취시키고 그들에게 희망을 주기 위해 그런 일을 하기 때문에 오히려 자신들이 좋은 일을 하고 있다고 생각했을 것입니다. 이런 식으로 그들이 사용한 구약의 인물로는 열두 족장들, 에스라, 그리고 예레미야의 제자였던 바룩 등이 있습니다.

시대에 대한 엄격한 이분법과 대재앙을 통한 새 세계의 도래

엣센파와 마찬가지로 묵시문헌이 나타날 당시의 유대인들은 큰 환난을 당하며 살고 있었기 때문에 그들은 시대에 대해 엄격한 이분법을 사용하고 있었습니다. 즉 하나님이 다스리시는 선한 시대와 마귀가 득세하는 악한 시대가 그것입니다. 그런데 그들이 살고 있는 시대는 마귀가 득세하고 있는 시대였기 때문에 그들은 일상적인 방법으로는 세상이 바뀔 수 없고 하나님의 초자연적 대재앙을 통해서만 이 세상이 망하고 새로운 세상이 올 수 있다고 생각했습니다.

다시 한 번 말합니다만 위에 설명한 것은 정경으로서의 묵시문헌에 대한 설명이 아니고 신구약 중간기에 유행했던 인간의 책들로서의 묵시문헌에 대한 설명입니다. 하지만 하나님께서 이 장르를 사용하셔서 요한계시록 등의 계시를 주셨기 때문에 이 장르에 대한 이해는 매우 중요합니다.

열심당(= 열혈당, 셀롯인, 젤롯인, 식카리[Sicarii])

요세푸스는 주후 1세기에 유대교에 네 개의 분파가 있었다고 말합니다. 그것은 사두개파, 바리새파, 엣센파, 그리고 열심당입니다. 앞의 세 분파는 주전 140년대에 이미 존재하고 있었지만 열심당은 주후 6년에야 처음으로 역사책에 이름을 드러냅니다. 그들의 특징에 대해 살펴보기로 하겠습니다.

바리새파와의 차이

이들은 신학적으로는 거의 모든 면에 있어서 바리새파와 그 노선을 같이 했습니다. 그러므로 그들은 크게 볼 때는 바리새파의 일부라고 해도 별 무리가 없습니다. 하지만 그들은 딱 한 가지 면에 있어서는 일반적인 바리새파와 생각을 달리 했습니다. 그것은 그들이 어떻게 해야 하나님께서 메시야를 빨리 세상에 보내주실까 하는 것이었습니다.

여기에 대해 일반적인 바리새인들은 '우리가 회개를 하여 깨끗하게 되면 하나님께서 메시야를 보내주실 것이다'라고 생각했습니다. 즉 그들이 지금 로마의 압제 밑에서 고통을 당하는 것은 그들의 죄악이 아직 크기 때문이라는 것입니다. 그래서 그들은 개인적으로 자신을 정결하게 하고 회개하는 일에 열심을 냈습니다.

하지만 열심당원들의 생각은 달랐습니다. 그들은 '우리가 칼을 들고 로마에 대항하여 싸우면 하나님께서 미리 정하신 시간 이전에 메시야를 보내주실 것이다'라고 생각했습니다. 로마에 저항하여 싸우면 유대인들이 패배할 것이 뻔합니다. 많은 이들이 죽을 것입니다. 그런데 유대인들이 누구입니까? 하나님의 아들들입니다. 하나님의 아들들이 죽어가는 모습을 보시면 하나님께서는 마음이 아프실 것입니다. 그러면 하나님은 예정하셨던 시간보다 일찍 메시야를 세상에 보내 주실 것입니다. 이것이 그들의 생각이었습니다. 지금 우리가 볼 때는 이상한 생각이지만 그들은 그것을 진지하게 믿었습니다.

로마에 대한 항쟁

이들은 위와 같은 메시야관을 가지고 있었기 때문에 주후 66년에 정말로 대로마 항쟁을 일으켰습니다. 이에 대해서는 이 책 뒷부분에서 설명할 기회가 있을 것입니다. 이 항쟁에서 유대인들은 예루살렘까지 탈환했지만 결국 로마에서 파견된 베스파시아누스(Vespasianus Flavius) 장군과 그의 아들 티투스(Titus) 즉 디도 장군에게 패하고 말았습니다. 그래서 예루살렘과 성전은 파괴되고 유대인들은 노예로 팔려 버리게 됩니다.

식카리(Sicarii)라는 이름의 의미

이들을 지칭하는 이름은 여러 가지입니다. 그중에 셀롯인 혹은 젤롯인이라는 이름은 '열정적인'을 뜻하는 헬라어 단어 '젤로스'에서 온 것입니다. 열심당 혹은 열혈당이라는 단어는 그것의 번역입니다. 그런데 좀 유별난 이름이 있습니다. '식카리'라는 이름입니다. 아람어로 '단도' 즉 짧은 칼이라는 뜻인데 열심당원들이 흔히 이 칼을 지니고 다녔기 때문에 붙은 이름입니다.

〈세 명의 롤모델들〉 단도에 대해 설명하기 전에 우선 열심당원들이 자신들의 롤모델로 삼았던 사람들을 소개할까 합니다. 그들은 엘리야와, 맛다디아, 그리고 비느하스였습니다. 엘리야는 바알 선지자 450명, 그리고 아세라 선지자 400명과 싸워 이긴 인물입니다. 맛다디아도 비슷한 일을 했습니다. 헬라 왕조인 셀류키드 왕조에 대항하여 전쟁을 일으킨 지도자입니다. 엘리야와 맛다디아의 공통점은 형편없는 수적 열세에도 불구하고 하나님을 의지하는 믿음으로 승리를 얻었다는 것입니다. 열혈당원들은 자신들이 로마에 비해 수적으로 열세이지만 엘리야와 맛다디아를 본받아 용감히 싸우면 충분히 로마를 이길 수 있을 것이라고 생각했습니다.

〈비느하스〉 그런데 세 사람의 롤모델들 중 비느하스는 약간 다릅니다. 그는 아론의 손자로서 민수기 25장에 등장하는 인물입니다. 이스라엘 백성들이 모압 지경에 이르렀을 때 모압 왕 발락은 여인들을 동원하여 이스라엘을 죄악에 빠지게 합니다. 유대인들은 성적인 범죄에 빠졌을 뿐 아니라 모압 여인들과 함께 제사에 참여함을 통해 우상숭배까지 범하게 됩니다.

하나님께서는 이스라엘 백성들에게 크게 분노하셔서 그들에게 염병을 보내십니다. 그래서 무려 2만 4천 명이나 되는 사람들이 죽는 일이 발생합니다. 유대인들은 하나님의 진노 때문에 회막 문 앞에서 울고 있었습니다. 그런데 그 때 정말 무엄하게도 시므리라는 유대인의 지도자가 고스비라는 미디안 여인을 데리고 행음하기 위하여 자기 막사로 들어갔습니다. 다른 사람들은 어이가 없어서 그저 보고만 있을 때, 비느하스는 창을 들고 그 막사로 들어갑니다. 그리고 남자와 여자를 한 창에 찔러 죽여 버립니다.

이 사건의 결과는 두 가지로 나타납니다. 우선 비느하스 개인이 하나님께 칭찬을 듣습니다. "제사장 아론의 손자 엘르아살의 아들 비느하스가 내 질투심으로 질투하여 이스라엘 자손 중에서 내 노를 돌이켜서 내 질투심으로 그들을 소멸하지 않게 하였도다 그러므로 말하라 내가 그에게 내 평화의 언약을 주리니 그와 그의 후손에게 영원한 제사장 직분의 언약이라 그가 그의 하나님을 위하여 질투하여 이스라엘 자손을 속죄하였음이니라"(민 25:11-13). 비느하스는 사람을 죽였기 때문에 살인자로서 비난을 받은 것이 아니라 오히려 하나님의 분노로 그들을 죽였기 때문에 칭찬을 받았습니다. 비느하스는 그와 그의 후손들이 영원히 제사장 직분을 수행할 것이라는 하나님의 약속을 받았습니다.

또 하나님께서는 비느하스가 그들을 죽임으로 말미암아 이스라엘에 대한 진노를 그치셨습니다. 잘못을 범한 사람들을 죽임으로 말미암아 온 이스라엘에 대한 하나님의 재앙이 그치게 된 것입니다. "… 두 사람을 죽이니 염병이 이스라엘 자손에게서 그쳤더라"(민 25:8). 시편 말씀 역시 같은 이야기를 들려주고 있습니다. "그들이 또 브올의 바알과 연합하여 죽은 자에게 제사한 음식을 먹어서 그 행위로 주를 격노하게 함으로써 재앙이 그들 중에 크게 유행하였도다 그 때에 비느하스가 일어서서 중재하니 이에 재앙이 그쳤도다 이 일이 그의 공의로 인정되었으니 대대로 영원까지로다"(시 106:28-31).

열심당원들은 이 사실에 주목했습니다. 그 당시 로마인들에 의해 이스라엘이 고통을 당하고 있었지만 그것은 모든 이스라엘 백성들이 다 범죄했기 때문은 아니었다는 것입니다. 이스라엘 백성들이 고통을 당하는 것은 그들 중에서 신앙을 배반하고 로마에 빌붙어 사는 자들 때문이라는 것입니다. 그래서 그 배신자들을 처단하면 즉 비느하스가 시므리를 처단했던 것처럼 그들을 죽여 버리면 이스라엘 대한 하나님의 진노가 그

칠 것이라는 것입니다.

그렇게 되면 유대인들이 로마인들을 물리칠 수 있을 것이고 이스라엘에는 평화가 찾아올 것입니다. 그래서 그들은 단도를 지니고 다니면서 로마의 앞잡이가 된 반역자들을 암살하는 일을 했습니다. 물론 비느하스는 창으로 시므리와 고스비를 죽였지만 로마의 앞잡이를 죽이기 위해 창을 들고 다니면 금방 정체가 탄로나기 때문에 무기를 단도로 바꾼 것입니다. 그들은 암살이 여의치 않거나 도망가는 일이 불가능할 경우에는 그 단도를 사용하여 자살을 하기도 했습니다. 그들이 그런 일을 할 수 있었던 것은 선한 목적을 이루기 위해서는 폭력을 사용해도 된다고 믿었기 때문입니다.

열심당원들의 민족주의적 성향

우리가 예상할 수 있듯이 열심당원들은 민족주의적 성향이 대단히 강한 사람들이었습니다. 그들이 주후 66년에 대로마 항쟁을 일으킨 이유도 이교도 황제에게 세금을 바치는 것에 대해 반대했기 때문입니다. 그들은 로마 황제에게 세금을 바치는 것이 오직 하나님께만 모든 충성을 바쳐야 한다는 유대교 신앙과 충돌하는 것이라고 보았습니다. 같은 맥락에서 그들은 자신들의 거룩한 땅 안에서 이방인의 언어인 헬라어를 사용하는 것도 매우 불쾌하게 생각했습니다.

유대 역사가 요세푸스(Flavius Josephus, 주후 37-100?)

지금까지 하스모니안 왕조 시대에 나타난 유대교의 세 분파들, 그리고 주후 6년경에야 처음으로 역사에 나타나는 열심당에 대해 살펴보았습니다. 다음 장으로 넘어가기 전에 요세푸스라는 유대 역사가에 대해 살펴보도록 하겠습니다. 요세푸스는 대단히 중요한 인물입니다. 왜냐하면 그가 쓴 역사책들 덕분에 우리가 예수님과 그 이전 시대의 유대 역사에 대해서 알게 되었기 때문입니다.

요세푸스는 주후 37년에 태어났습니다. 소년 시절에 요세푸스는 유대교의 네 분파에 대해 관심을 가지고 네 분파 모두를 섭렵해 보았다고 합니다. 그는 대단히 똑똑한 인물이었습니다. 주후 66년에 열심당원들이 대로마 항쟁을 일으키자 그는 그 전쟁에 참가했습니다. 그는 능력을 인정받아 갈릴리 지역의 사령관이 되었습니다. 갈릴리 지역은 유대인들에게 대단히 중요한 곳이었습니다. 왜냐하면 항쟁의 불길이 가장 뜨겁게 타오르는 곳은 항상 엘리트들이 있는 수도권 지역이 아니라 민중들이 살고 있는 변두리 지역이기 때문입니다. 갈릴리 지역은 가난하고 억압받는 사람들이 사는 곳이었습니다. 그렇기 때문에 그곳은 대로마 항쟁의 중심지였습니다. 그런데 요세푸스가 만 29세의 나이에 그 중요한 곳의 사령관이 된 것입니다. 그가 대단히 능력 있는 인물이었다는 것을 우리는 알 수 있습니다.

그러나 전쟁이 진행되는 동안 요세푸스는 그 전쟁에 대해 회의를 느끼게 되었습니다. 왜냐하면 열심당원들이 그 전쟁을 일으켰는데 그들의 생각은 너무나 허황된 것이었기 때문입니다. 그들은 앞서 설명한 대로 전쟁을 통해 자신들이 피를 흘리면 하나님께서 메시야를 빨리 이 땅에 보내주실 것이라는 생각을 가지고 있었습니다. 그런 황당한 생각을 가진 사람들과 전쟁을 하다 보니 요세푸스는 그 전쟁의 정당성에 대해 의심을 갖게 되었습니다.

그러던 중 로마에서 파송된 베스파시아누스(Vespasianus) 장군에게 포로로 잡히는 사건이 발생했습니다. 갈릴리의 요타파타 요새라는 곳에서 전투를 한 후 그는 항복을 했습니다. 그리고 베스파시아누스를 만났을 때 요세푸스는 그가 장차 황제가 될 것이라는 예언을 해 주었습니다. 그 결과 그는 베스파시아누스의 호의를 얻게 되었습니다. 로마인들에게 유대인들은 예언자들의 나라로 유명했습니다. 그런데 그 예언자들의 나라의 젊은 엘리트가 자신이 장차 황제가 될 것이라는 예언을 해 주자 베스파시아누스는 무척 기뻤던 것입니다.

그런데 전쟁이 한창이던 주후 68년에 로마의 네로 황제가 정말로 죽는 사건이 발생합니다. 그 후 짧은 기간 동안 갈바(68-69), 오토(69), 비텔리우스(69)가 차례로 황제가 되었다가 폐위되는 사건이 발생합니다. 결국 베스파시아누스 장군이 로마 황제의 자리에 올랐습니다(69-79). 그 때 베스파시아누스 장군은 요세푸스를 로마로 데리고 갑니다. 그리고 그는 요세푸스에게 크게 호의를 베풀었습니다.

그가 요세푸스를 얼마나 좋아했는가 하는 것은 그에게 플라비우스(Flavius)라는 성을 하사한 것에서 알 수 있습니다. 플라비우스는 베스파시아누스 장군의 성이었습니다. 그런데 그것을 이방인인 요세푸스에게 사용하도록 허락한 것입니다. 유대인들에게는 원래 성이라는 것이 없었습니다. 아브라함의 성이 무엇입니까? 없습니다. 유대인들이 굳이 자신의 가문을 나타내려 할 때는 아들이라는 뜻의 '벤'이라는 히브리어를 사용하여 '아무개 벤 아무개'라는 식으로 이름을 지었습니다. 예를 들면, '요하난 벤 자카이'라고 하면 '자카이의 아들 요하난'이라는 뜻입니다.

참고로 베스파시아누스 장군은 나름대로 통치를 잘 하여 3대에 걸친 플라비우스 왕가를 이루었습니다. 베스파시아누스(Vespasianus, 69-79) 자신이 황제가 되었고, 그 다음에는 예루살렘을 함락시킨 그의 아들 티투스(Titus, 79-81)가, 그리고 그 다음에는 티투스의 형제인 도미티아누스(Domitianus, 81-96)가 차례로 로마 황제의 자리에 올랐습니다.

〈로마인들로부터의 미움〉 로마에서 생활하던 요세푸스는 자신을 미워하는 두 세력들 때문에 큰 상처를 받았습니다. 그들 중 하나는 로마인들입니다. 로마 사람들은 유대인들을 대단히 싫어했습니다. 왜냐하면 로마 사람들 입장에서는 유대인들에게 남달리 큰 특권을 베풀어 주었는데도 불구하고 그들이 로마인들에 대항하여 칼을 들었기 때문입니다.

로마 사람들이 유대인들에게 준 특권은 두 가지였습니다. 하나는 유대인들의 군대 징집을 면제해 준 것입니다. 사실 거기에는 사연이 있습니다. 유대인들은 안식일에 무기를 들지 않았습니다. 훈련도 거부했습니다. 로마인들은 유대인들을 로마군의 방식대로 훈련시켜서 전투에 활용해 보려고 했지만 그것은 불가능했습니다. 안식일이 되면 칼을 들려고 하지도 않는 사람들을 데리고 어떻게 싸움을 할 수 있겠습니까? 그래서 로마인들은 유대인들에게 군대 복무를 면제해주는 큰 혜택을 준 것입니다.

그리고 두 번째 특권은 예루살렘 성안에 황제의 신상을 세우지 않아도 되도록 허락해 준 것이었습니다. 로마 황제들은 자신들을 신이라고 주장했습니다. 그리고 도시마다 자신의 동상을 세우고 그것을 숭배하도록 강요했습니다. 하지만 예루살렘에 로마 황제의 신상을 세우려 했을 때 유대인들이 목숨을 걸고 반대하자 로마인들은 예루살렘에는 로마 황제의 신상을 세우지 않아도 된다고 허락해 주었습니다.

 이런 것들은 로마인들의 입장에서는 대단히 큰 혜택을 베풀어 준 것입니다. 그런데 혜택을 입은 유대인들이 오히려 로마에 대해 반기를 들었던 것입니다. 그렇기 때문에 로마인들은 유대인들을 은혜를 모르는 자들이라고 하며 아주 싫어했습니다. 로마에서 로마인들과 함께 살았던 요세푸스는 유대인들에 대한 로마인들의 증오 때문에 무척 상처를 받았습니다.

〈유대인들로부터의 미움〉 요세푸스는 또한 유대인 동족들로부터 큰 미움을 받았습니다. 유대인들의 입장에서 볼 때 요세푸스는 배신자였습니다. 베스파시아누스 장군에게 체포되었을 때 그에게 목숨을 걸고 대항하는 대신 오히려 그가 장차 로마 황제가 될 것이라고 축복을 해주었습니다. 이것은 유대인들의 입장에서는 구역질나는 아부였습니다. 그리고 베스파시아누스 장군이 정말로 로마의 황제가 되자 요세푸스는 그에게 빌붙어서 로마에서 혼자 부귀영화를 누리고 있는 것입니다. 요세푸스 수하에서 함께 싸웠던 수많은 부하들은 죽거나 포로가 되었습니다. 그들과 비교해 보면 요세푸스는 정말로 배신자라고 불리기 딱 좋은 인물이었습니다.

 요세푸스는 로마인들에게는 유대인들을 변호하고 유대인들에게는 자신의 입장을 변호하려 했습니다. 그래서 네 가지

책을 저술했습니다.

유대고대사(Jewish Antiquities),

먼저 유대고대사라는 책이 있습니다. 이 책은 유대인들이 얼마나 유구한 역사와 찬란한 문화를 가진 민족인가 하는 것을 보여주고 있습니다. 우리가 지금 읽어보면 구약성경의 내용을 쉬운 이야기체로 풀어쓴 것 같은 느낌을 받습니다. 그는 당시 최고의 역사와 문화를 가졌다고 주장하던 로마와 그리스인들에게 유대인들의 역사가 그들의 것보다 훨씬 더 오래 되었으며 유대인들이 그들에게 뒤지지 않는 찬란한 문화를 가지고 있다는 사실을 이 책을 통해 주장하고 있습니다.

유대전쟁사(Jewish War),

유대전쟁사는 유대인들이 과거에 겪었던 전쟁들을 기술한 책입니다. 그 중에서도 마카비 전쟁에 대해 자세히 기술하고 있습니다. 이 책을 통해 요세푸스는 비록 유대인들이 로마와의 전쟁에서는 어이 없이 패하고 말았지만 유대인들이 원래 그렇게 약하고 어리석은 민족이 아니라는 사실을 설명하고 있습니다.

자서전

이 책은 유대인들에게 요세푸스 자신의 입장을 변호하기 위하여 쓴 책입니다. 이 책에서 요세푸스는 자신이 전쟁을 통해 경험하고 느낀 것들을 설명합니다. 이를 통해 요세푸스는 자신이 유대인들이 흔히 생각하듯이 국가와 민족을 배신한 것이 아님을 설명하고 있습니다.

아피온 반박문(Against Apion)

그리고 '아피온 반박문'이라는 책이 있습니다. 아피온은 이집트 출신의 로마인입니다. 다른 로마인들이 비논리적이고 감정적인 이유로 유대인들을 미워한 반면 아피온은 나름대로 논리적인 근거를 제시해 가며 유대인들의 열등성을 주장했습니다. 그의 글은 로마인들 사이에서 널리 읽히고 있었습니다. 이 글에 대해 위기감을 느낀 요세푸스는 아피온의 주장 하나 하나에 대해 논리적인 반박을 제시하는 글을 썼습니다. 그것이 바로 '아피온 반박문'입니다.

요세푸스는 유대인들 사이에서는 배반자로 낙인이 찍혀 있었기 때문에 그의 책들이 별로 환영을 받지 못했습니다. 그러나 기독교인들은 초기부터 요세푸스의 책들을 환영했습니다. 왜냐하면 그의 책을 통해 예수님 당시의 유대 역사와 문화를 알 수 있었기 때문입니다. 초대교회의 학식 있는 기독교인들은 성경과 더불어 요세푸스의 책들을 필독서로 생각하고 있었습니다. 지금은 유대인들도 자신들의 역사를 책으로 기록해 준 고마운 역사가로 그를 기억하고 있습니다. 요세푸스는 주후 100년경에 로마에서 숨을 거두었습니다. .

   하스모니안 왕조는 주전 63년에 로마에 의해 멸망을 당함으로 끝이 납니다. 이제 로마 식민지 기간에 대해 설명하도록 하겠습니다.

제3장

신약시대의 배경

STORY OF INTERTESTAMENTAL PERIOD

STORY OF INTERTESTAMENTAL PERIOD

03

신약시대의 배경

　이제부터는 주전 63년에 로마가 예루살렘을 정복한 때로부터 주후 1세기 말, 즉 신약성경이 완성될 때까지의 역사를 살펴보기로 하겠습니다. 그러므로 이 부분은 엄밀하게 말해서 신구약 중간기의 역사는 아닙니다. 신구약 중간기는 세례 요한의 출현으로 끝나기 때문입니다. 그래서 본 장의 제목을 신약시대의 배경이라고 정했습니다. 여기서는 신약 성경 시대의 배경을 다루기 때문에 성경 자체의 내용을 설명하지는 않습니다.

　사실 정확히 말해서 신구약 중간기란 존재하지 않습니다. 왜냐하면 세례 요한이 구약의 마지막 선지자이기 때문입니다. "모든 선지자와 율법이 예언한 것은 요한까지니"(마 11:13).

정확히 말하자면 구약시대의 마지막 선지자인 세례 요한과 그 직전 선지자인 말라기 사이의 간격이 좀 길 뿐입니다. 하지만 모든 사람들이 그 중간 시대를 신구약 중간기라고 부르기 때문에 이 책에서도 그 용어를 사용하고 있습니다.

로마 식민지 기간

로마의 폼페이우스 장군의 예루살렘 정복

신약성경을 펼치면 이스라엘은 로마의 지배를 받고 있습니다. 그래서 우리는 오래 전부터 이스라엘이 로마의 속국이었던 것으로 생각하는데 사실은 그렇지 않습니다. 주전 63년에 로마의 폼페이우스 장군에 의해 예루살렘이 함락 되었습니다. 그때부터 로마가 이스라엘을 지배했습니다.

당시 예루살렘에서는 두 파가 경쟁을 하고 있었습니다. 아리스토불루스를 지지하는 파와 히르카누스를 지지하는 파입니다. 그 중에서 히르카누스를 지지하는 자들은 예루살렘을 둘러싼 로마군의 질서정연한 모습을 보고 두려움에 빠졌습니다. 그래서 로마군에 항복할 것을 주장했습니다. 아리스토불루스 지지자들은 끝까지 항전할 것을 주장했지만 대세가 그들에게 불리해졌습니다. 그러자 그들은 성전 안으로 들어간 다음 예루살렘 시의 다른 부분과 성전을 연결하는 다리를 끊어 버리고 결사항전 채비를 갖추었습니다(유대고대사 1.7.2).

히르카누스를 지지하는 예루살렘 주민들은 폼페이우스 장군에게 성문을 열어 주었습니다. 이에 폼페이우스 장군은 부하 피소(Piso) 장군을 보내 예루살렘 성을 접수하도록 하고 자신은 성전 북부의 골짜기 너머로 가서 그 골짜기를 메우는 일에 착수했습니다. 성전 내부에 있던 유대인들의 반격이 심해서 그 작업은 쉽지 않았습니다. 그러나 유대인들은 안식일에는 방어전투만 할 뿐 공격을 하지 않았습니다. 율법을 지키기 위해서였습니다. 그래서 안식일마다 로마군은 비교적 수월하게 골짜기를 메우는 일을 할 수 있었습니다.

드디어 골짜기를 메우는 작업을 시작한 지 3개월 만에 로마는 성전을 공격했습니다. 로마 군인들이 몰려들어오는 중에도 제사장들은 제사를 드리는 일에만 열중했다고 합니다(유대고대사 1.7.5). 성전을 점령한 후에도 폼페이우스 장군은 성전의 보물들을 건드리지 않았습니다. 그는 자신에게 협력했던 히르카누스를 대제사장으로 임명했습니다. 그리고 그가 성전을 정화한 후 제사를 계속 드릴 수 있도록 도왔습니다. 유대인들과의 마찰을 최소한으로 줄이고자 노력한 것입니다. 어쨌든 주전 63년 이후 이스라엘은 로마의 지배하에 들어갔습니다.

이스라엘에 대한 로마의 애매한 정책

로마는 예루살렘을 점령하기는 했지만 주전 40년까지는 적극적으로 이스라엘을 착취하지 않았습니다. 그 이유에는 두 가지가 있습니다. 첫째는 로마제국 자체가 그 당시 안정되어 있지 못했습니다. 여기저기서 군사적인 충돌이 있었기 때문에 로마군을 팔레스타인 지역에 집중시킬 수가 없었습니다.

그리고 두 번째 이유가 있었는데 그것은 팔레스타인 지역의 지정학적 중요성과 관련된 것입니다. 지도를 놓고 보면 팔레스타인 동쪽에 파르티아 제국이 있습니다. 파르티아 제국은 옛 페르시아 지역에 위치하고 있었습니다. 그런데 파르티아 제국은 한 번도 로마에 복속된 적이 없습니다. 끝까지 로마의 적수로 남아 있었습니다. 그런데 만약 이스라엘 사람들이 파르티아 제국에 대해 호감을 가지고 자신들의 영토를 로마가 아니라 파르티아 제국에게 헌납한다면 곤란한 상황이 발생합니다.

팔레스타인이 로마의 영토로 남아 있을 경우 로마는 두 가지 큰 이점을 갖게 됩니다. 첫째는 지중해 북부의 로마군과 남부의 로마군이 팔레스타인을 중심으로 하여 연결될 수 있다는 것입니다. 이것은 군사적으로 대단히 큰 이점입니다. 북한 해군은 동해군과 서해군이 전혀 별개의 편제입니다. 하지만 남한은 동해, 서해, 남해가 연결되어 있기 때문에 서로 유기적으로 연결하여 작전을 펼칠 수 있습니다. 만약 팔레스타인이 적에게 넘어가게 될 경우 로마군은 지중해 북쪽의 로마군과 지중해 남쪽의 로마군으로 나뉘게 됩니다. 이것은 심각한 위기입니다. 남쪽 로마군 즉 로마 본토와 멀리 떨어진 곳에 있는 로마군은 고립되어 적에게 넘어가게 될 확률이 높아집니다.

그리고 둘째로 팔레스타인이 로마의 영토인 경우에는 지중해 전체가 로마 제국의 내해가 됩니다. 주전 2세기 초에는 카르타고가 로마를 위협했었지만 스키피오 장군이 한니발을 물리친 후 지중해에는 로마의 적수가 없었습니다. 그런데 만약 팔레스타인이 파르티아 제국 영토가 된다면 파르티아인들은 팔레스타인의 항구를 사용하여 지중해로 진출할 것입니다. 그러면 로마는 육지에서 뿐만 아니라 바다에서도 파르티아군과 대치해야 하는 상황이 벌어집니다. 실제로 페르시아 시대에는 시리아 지역의 항구를 이용하여 페르시아인들이 그리스를 공격했던 적이 있습니다. 페르시아 전쟁이 그것입니다. 그런 일이 또 발생한다면 그것은 로마로서는 악몽입니다.

하지만 팔레스타인이 로마의 영토로 남아 있으면 로마인들은 지중해에서는 전쟁을 걱정할 필요가 없습니다. 이와 같은 사정 때문에 로마인들은 주전 40년까지는 대제사장을 중심으로 한 자치를 유대인들에게 허용하고 경제적으로 그다지 착취를 하지 않았습니다. 한마디로 유대인들을 달래는 유화정책을 폈던 것입니다.

헤롯 대왕 시대(주전 37년 - 주전 4년)

그런 상황은 주전 40년에 끝이 났습니다. 로마가 팔레스타인 지역에도 착취의 손을 뻗기로 한 것입니다. 그 때 로마는 과두정치 체제로서 두 사람의 황제 즉 안토니우스(Antonius)와 옥타비아누스(Octavianus)가 다스리고 있었습니다. 안토니우스는 클레오파트라와 연애를 한 것으로 유명한 사람이고, 옥타비아누스는 나중에 악티움 해전에서 승리한 후 혼자 황제로 옹립되어 원로원으로부터 아우구스투스(Augustus) 즉 '존엄자'라는 칭호를 얻은 자입니다.

로마는 팔레스타인을 착취하기를 원했습니다. 하지만 그것은 쉬운 일이 아니었습니다. 왜냐하면 유대인들의 강력한 반발이 예상되었기 때문입니다. 그래서 로마는 지혜로운 방법을 생각해냈습니다. 그것은 표면적으로는 지금처럼 유대인들에게 자치를 허용해 주는 듯하면서도 사실은 그들을 착취하는 그런 방법이었습니다. 즉 꼭두각시 왕을 세우는 것입니다.

그런데 과연 누구를 꼭두각시 왕으로 세우느냐 하는 것이 문제였습니다. 그 때 갈릴리 지역에서는 헤롯이라고 하는 젊은이가 그 곳을 다스리고 있었습니다. 그는 줄리어스 시저에 의해 임명을 받아 주전 47-37년까지 갈릴리를 다스렸습니다.

그런데 로마가 자신들의 앞잡이 노릇을 해 줄 왕을 구하고 있다는 소문이 그에게 들렸습니다. 헤롯은 자신이 그 일을 하기에 적합한 사람이라고 생각했습니다.

그런데 문제가 있었습니다. 그때가 겨울이었습니다. 지중해는 겨울이 되면 파도가 높기 때문에 배들이 항해를 하지 않습니다. 성경에 보면 가끔 항구에서 '겨울을 지낸다' 혹은 '겨울을 난다'라는 표현이 나옵니다(개역한글판에서는 '과동한다'라고 표현합니다): "그 항구가 겨울을 지내기에 불편하므로 … "(행 27:12. 참고, 행 28:11). 이것은 사도 바울이 배를 타고 전도여행을 다니다가 겨울이 되어 배가 다니지 않게 되면 어떤 한 도시에 머물면서 겨울을 보낸다는 뜻입니다.

헤롯은 결단을 내려야 했습니다. 생명의 위협을 무릅쓰고 지금 로마로 가느냐 아니면 갈릴리에 남아 있느냐 하는 결단입니다. 봄이 되어 뱃길이 다 풀린 후 로마로 간다면 자신이 왕이 되기는 힘들 것입니다. 왜냐하면 이미 많은 후보자들이 황제를 만난 후일 것이기 때문입니다. 그래서 헤롯은 그냥 항해를 강행하기도 결정합니다. 로마 황제는 겨울에 자신을 찾아온 헤롯에게 강한 인상을 받았습니다. 갈릴리에서 로마까지는 상당히 먼 거리인데 목숨을 걸고 겨울 바다를 항해하여 로마까지 왔다는 것은 어쨌든 대단한 일이었습니다. 로마 황제는 헤롯에게 만족하여 그를 팔레스타인 지역의 왕으로 임명합니다.

헤롯에 대한 유대인들의 저항

로마 황제에 의해 유대인들의 왕으로 임명된 헤롯은 예루살렘에 와서 자신을 왕으로 받아들여 줄 것을 요구했습니다. 그러나 유대인들은 그를 왕으로 인정하지 않았습니다. 가장 큰 문제는 그의 혈통이었습니다. 그는 순수한 유대인이 아니라 하스모니안 왕조 시절에 정복했던 팔레스타인 남부 지역 즉 이두메 지역 사람과 유대인의 피가 섞여 있는 혼혈인이었습니다. 유대인들은 혈통을 대단히 중요하게 생각합니다. 더구나 왕의 경우에는 더욱 더 그렇습니다. 그런데 이방인의 피가 섞인 사람이 와서 자신들의 왕이 되었다고 하자 이를 받아들일 수 없었던 것입니다.

그러나 헤롯은 포기하지 않았습니다. 많은 우여곡절 끝에 결국 로마 군대의 힘을 빌려 주전 37년에 왕위에 올랐습니다. 로마 황제로부터 왕으로 임명을 받은 후 3년이 지나서야 정말로 왕이 된 것입니다. 그 3년 동안 헤롯이 무엇을 배웠겠습니까? 유대인들은 헤롯이 왕이 되는 것을 지독하게 싫어한다는 사실입니다. 이것은 헤롯이 왕으로 지내는 동안 늘 콤플렉스로 작용했습니다. 누구든 조금이라도 왕위를 노리는 것처럼 보이면 가차 없이 그를 죽여 버렸습니다.

헤롯 대왕의 통치

 헤롯은 한편으로는 유대인들에게 잘 보이기 위해 노력을 했습니다. 이를테면 황제의 상을 예루살렘에 못 들여오게 하고 황제가 새겨져 있는 동전도 사용하지 못하게 만들었습니다. 하지만 다른 한편으로는 자신의 왕위를 유지하기 위해 많은 사람을 숙청했습니다. 그가 숙청하여 죽인 인물 중에 마리암네((Mariamne)라는 여인이 있습니다. 바로 자신의 아내입니다.

 헤롯은 왕이 된 후 늘 자신의 혈통 때문에 열등감에 시달렸습니다. 그러다가 좋은 생각이 떠올랐습니다. 몰락한 하스모니안 왕조의 여자들 중에 한 명을 자신의 아내로 삼자는 것이었습니다. 유대인들이 존중하는 정통 왕족의 혈통을 지닌 사람을 아내로 맞는다면 사람들은 그 아내 때문에 자신을 좀 더 인정해 줄 것이라고 생각했습니다. 그 생각은 맞는 것 같았습니다. 헤롯은 마리암네((Mariamne)라는 여인과 결혼을 했는데 사람들은 그녀를 무척 좋아했습니다. 그런데 세월이 흐르자 마리암네가 오히려 헤롯에게 위협이 되기 시작했습니다. 사람들이 자신을 암살하고 마리암네를 여왕으로 옹립할지 모른다는 생각이 들었습니다. 그러자 헤롯은 가차 없이 자신의 아내인 마리암네를 죽여 버렸습니다.

 이뿐만이 아닙니다. 그는 여러 사람들을 숙청해서 죽였는데 죽기 5일 전에는 자신의 아들들 중 하나도 죽여 버렸습니다. 우리는 헤롯이 베들레헴의 아기들을 죽였다는 기사를 읽으며 그게 정말 가능한 일일까 하고 생각합니다. 하지만 헤롯이 한 일들을 살펴보면 충분히 가능한 일입니다. 그는 자신의 아내와 친아들까지 죽였던 사람입니다. 일종의 정신병자였습니다.

헤롯 가문의 통치자들

여기서는 헤롯 가문의 통치자들을 한꺼번에 살펴보려고 합니다. 성경에는 헤롯 가문의 통치자들이 모두 여섯 명이 나옵니다. 어떤 경우에는 다른 이름으로 등장하지만 어떤 경우에는 그냥 헤롯이라고만 나오는 경우도 있습니다.

헤롯 대왕(주전 37년 – 주전 4년까지 통치)

먼저 앞에서 소개했던 헤롯 대왕을 살펴보겠습니다. 그는 로마 황제였던 안토니우스(Antonius)와 옥타비아누스(Octavianus)의 도움으로 유대인의 왕으로 임명되었습니다. 권력을 유지하기 위해 숙청이 심했다는 이야기는 이미 앞에서 했습니다.

헤롯 대왕의 건축

독재자들이 흔히 그렇듯이 헤롯은 건축에 힘을 기울였습니다. 자신의 이름을 후세 사람들이 기억해 주기를 바란 것입니다. 헤롯처럼 자존감이 약한 독재자들은 오랫동안 보존될 수 있는 건축물을 통해 자신의 존재를 확장시키려고 하는 경향이 있습니다. 동서고금을 막론하고 전세계의 독재자들에게서 발견되는 보편적인 현상입니다.

〈마사다 요새〉 사해 바다 서쪽에 위쪽은 평평하고 사방이 절벽으로 둘러싸인 마사다라는 곳이 있었습니다. 헤롯은 그곳에 요새를 건설했습니다. 이곳은 나중에 예루살렘이 로마군에 의해 함락된 후 나머지 잔당들이 모여 최후의 항전을 했던 곳입니다. 마사다 요새는 주후 73년에 로마의 실바(Flavius Silva) 장군에 의해 함락되었는데 요새 안에 있던 군인들과 그 가족들 960여 명은 로마군이 들어오기 전에 모두 자살해 죽었습니다. 가장이 가족들을 죽이고, 군인들끼리 제비를 뽑아 선택된 사람들이 동료들을 죽이고 마지막에 남은 사람은 자살을 했다고 합니다.

그런데 로마인이 그곳에 들어왔을 때 그 날도 아침 번제의 불이 타오르고 있었다고 합니다. 마지막 사람들이 번제를 드린 후 자살을 한 것입니다. 메시야이신 예수님을 받아들이지 않았던 사람들의 안타까운 이야기입니다. 마사다 요새는 지금 이스라엘의 모든 군인들이 훈련을 마친 후 임무를 받기 직전에 조국에 대한 충성의 맹세를 하는 곳으로 사용됩니다. 이를테면 육군사관학교에서 훈련을 다 받은 생도들이 졸업할 때가 되면 이곳에 와서 밤에 횃불을 들고 국가와 민족에 대한 충성의 맹세를 합니다. 그런데 그 구호가 의미심장합니다. 영어로 하자면 "Masada never again!"입니다. 마사다의 비극이 다시는 반복되지 않도록 하겠다는 뜻입니다.

〈항구도시 가이사랴〉 구약 시대에 이스라엘의 대표적 항구는 욥바였습니다. 요나 선지자가 다시스로 가기 위해 배를 탔던 곳입니다. 헤롯은 북쪽에 새로운 항구를 건설했습니다. 그리고 그 항구의 이름을 의미심장하게도 '가이사랴'라고 지었습니다. 가이사랴는 '황제'라는 뜻입니다. 보통 알렉산드리아처럼 어떤 특정한 인물의 이름을 따서 도시 이름을 짓는 것이 관례인데 헤롯은 로마 황제들이 자주 바뀌니까 그냥 '황제'라는 이름을 사용한 것 같습니다.

    가이사랴는 최신식 설비가 갖추어진 현대식 도시였습니다. 해안에 전차경기장이 있었고 그곳에서 도보로 걸을 수 있는 곳에 원형극장이 있었습니다. 우리는 보통 로마의 총독들이 이스라엘에 오면 수도인 예루살렘에 머물렀을 것이라고 생각하는데 그렇지 않습니다. 그들은 가이사랴에 머물렀습니다. 예루살렘에는 삼대 명절이 되어 유대인들이 많이 몰려와서 폭동이 발생할 가능성이 있는 경우에만 가서 머물렀습니다. 그리고 절기가 끝나면 총독들은 군대를 이끌고 다시 가이사랴로 돌아왔습니다. 성경에서 예수님을 재판할 때 빌라도 총독이 예루살렘에 있는 것은 그 때가 유월절 기간이었기 때문입니다. 예루살렘은 이방인 총독들이 머물기에는 너무나 따분한 곳이었습니다.

〈성전〉 헤롯이 지은 건축물들 중 가장 유명한 것이 성전입니다. 예루살렘에서 가장 높은 곳에 흰 대리석으로 지었습니다. 건물 입구 위쪽에는 포도나무를 양각으로 조각하고 거기에 금칠을 했습니다. 그래서 멀리서 보면 흰 대리석 건물과 금빛이 어우러져서 그 반짝이는 모습이 무척 아름다웠다고 합니다.

그리고 성전 안에는 '자라나는 금포도나무'가 있었다고 합니다. 부자들이 하나님께 감사드릴 일이 있을 때면 금으로 된 포도 잎사귀를 드렸다고 합니다. 그리고 아주 큰 부자들은 금으로 만든 포도열매를 바쳤다고 합니다. 그러면 성전 천장에 그것들을 매달아 놓았습니다. 그런데 사람들이 헌물을 바침에 따라 잎사귀와 포도 열매의 숫자가 매년 늘어났기 때문에 사람들은 그것을 '자라나는 금포도나무'라고 불렀다고 합니다.

제자들이 성전의 아름다움에 대해 칭찬을 하자 예수님께서는 "돌 하나도 돌 위에 남지 않고 다 무너뜨리우리라"(마 24:2)라는 무서운 예언의 말씀을 주십니다. 그런데 이 말씀은 주후 70년에 문자 그대로 실현되었습니다. 로마에 의해 예루살렘이 공격을 당했을 때, 성전에 화재가 발생했습니다. 그래서 금이 녹아서 성전 기둥과 벽의 대리석들 사이로 금물이 스며들었습니다. 나중에 로마인들은 돌 사이에 스며든 금판을 떼어내기 위해 성전의 모든 돌들을 무너뜨렸습니다. 문자 그대로 돌 하나도 돌 위에 남지 않게 된 것입니다.

〈안토니아 요새〉 예루살렘에서 가장 높은 곳에 성전을 세웠다고 했지만 사실은 예루살렘에서 가장 높은 곳은 성전에 맞닿아 있는 북서쪽의 땅이었습니다. 하지만 그곳은 성전을 세우기에는 넓이가 모자랐습니다. 그래서 그곳에는 요새를 세웠습니다. 그리고 그 곳 이름을 안토니우스 황제의 이름을 따서 안토니아 요새라고 지었습니다.

안토니아 요새가 중요한 이유는 로마 총독들이 예루살렘에 왔을 때 머무르던 곳이 그곳이기 때문입니다. 앞에서 설명했듯이 로마 황제들은 평소에는 쾌적한 신도시인 가이사랴에서 생활했습니다. 그러다가 명절이 되면 보안을 위해 예루살렘에 왔는데 그 때 총독에게 가장 중요한 것은 자신의 안전이었습니다. 그런데 안전을 위해서는 안토니아 요새보다 더 좋은 곳이 없었습니다. 왜냐하면 예루살렘에서 가장 높은 곳인데다가 처음부터 헤롯이 요새로 건축한 곳이었기 때문입니다. 그래서 총독들은 예루살렘에 오면 안토니아 요새나 혹은 헤롯 궁전에 머물렀습니다. 빌라도 총독이 예수님을 재판한 곳도 안토니아 요새일 가능성이 가장 높습니다.

그런데 유대인들의 입장에서는 총독이 그곳에 머무는 것이 심각한 문제였습니다. 종교적 문제가 있었던 것입니다. 안토니아 요새는 성전 단지의 일부였습니다. 성전과 그 주위의 여러 부속 건물들을 모두 합하여 성전 단지(temple complex)라고 불렀습니다. 그런데 안토니아 요새가 성전 단지의 일부였습니다. 성전에서 봉사하던 제사장들은 자신들의 의복을 안토니아 요새에 보관했습니다. 제사장의 의복을 성전 단지 외부에 아무데나 보관할 수는 없었기 때문입니다. 그런데 그렇게 성스러운 곳을 로마 총독의 숙소로 제공한다는 것은 마음이 내키지 않는 일이었습니다.

원래 유대인들은 이방인의 집에 들어가서 함께 식사를 하면 7일 동안 부정하도록 규정되어 있었습니다. 로마 총독들은 안토니아 요새에 머물면서 자주 유대 지도자들을 불러서 회의를 하고 만찬을 나누었습니다. 이것은 유대인들의 입장에서는 골치 아픈 문제였습니다. 안토니아 요새에 들어가서 로마 총독과 식사를 하고 올 때마다 7일 동안 부정해야 한다면 큰일입니다. 하지만 유대인들은 방법을 생각해 냈습니다. 즉 안토니아 요새는 이방인의 집이 아니라 유대인의 집인데 다만 명절 기간에 이방인 총독에게 잠시 빌려줄 뿐이라는 논리를 폈습니다. 그곳은 여전히 유대인의 집입니다. 그러므로 거기 들어가서 식사를 하고 나와도 7일 동안 부정해지지 않았습니다. 유대인들은 그렇게 해서 어려움을 피해 갔습니다.

헤롯은 이 외에도 옛 도시 사마리아 터에 세바스테(Sebaste)라는 도시를 세우고 베들레헴 남동쪽 12킬로미터 지점에는 헤로디움(Herodium)이라는 요새를 건축하기도 했습니다.

왕과 분봉왕

성경에는 분봉왕(分封王)이라는 단어가 종종 등장합니다. 이 단어는 다른 책에는 나오지 않는 성경의 독특한 단어입니다. 분봉왕의 의미를 간단히 살피고 지나가겠습니다. 당시 진정한 왕은 로마 황제 한 사람밖에 없었습니다. 하지만 그가 광대한 로마제국 전체를 직접 다스릴 수는 없었습니다. 그래서 여러 사람들에게 땅을 나누어주고 자기 대신 통치를 하도록 위탁했습니다. 그런데 위탁을 받은 왕들도 모두 같은 레벨은 아니었습니다. 상대적으로 큰 영토를 다스리는 왕과 작은 영토를 다스리는 왕은 명칭도 달랐고 대우도 달랐습니다. 많은 종류의 왕들 중 팔레스타인을 다스리던 왕에는 두 종류가 있었습니다. 하나는 민족왕이었고 다른 하나는 분봉왕이었습니다.

〈민족왕〉 민족왕(ethnarch)은 민족 혹은 국가를 뜻하는 헬라어 '에스노스'(ethnos)와 왕 혹은 통치자를 뜻하는 '아르콘'(archon)의 결합으로서 한 국가 혹은 한 민족 전체를 다스리는 왕입니다. 유대 민족 전체를 다스렸던 헤롯 대왕의 호칭은 민족왕이었습니다. 그러나 민족왕 정도면 그냥 왕이라고 번역해도 개념상 별 문제가 없기 때문에 한글 성경에서는 민족왕을 그냥 '왕'으로 번역하고 있습니다. 성경에 등장하는 민족왕은 헤롯 대왕 한 사람뿐입니다.

〈분봉왕〉 분봉왕(分封王, tetrarch)은 숫자 4를 뜻하는 헬라어 접두어 '테트라'(tetra)와 (테트리스 게임의 어원이 이 단어입니다. 테트리스에서는 정사각형 네 개의 조합으로 이루어진 도형들이 위에서 아래로 계속 내려옵니다.) 왕 혹은 통치자를 뜻하는 '아르콘'(archon)의 결합으로서 민족왕 영토의 4분의 일 정도 크기의 영토를 다스리는 작은 왕을 뜻합니다. 헤롯 왕가의 왕들은 헤롯 대왕을 제외하고는 모두 분봉왕들이었습니다.

헤롯의 아들들

헤롯은 주전 4년 니산월 1일경에 죽습니다. 그가 죽은 후 영토는 세 아들들에 의해 나뉘게 됩니다. 그들은 영토를 사이좋게 나누어 가진 것이 아니라 아버지의 유언장을 두고 로마 황제 아우구스투스에게 찾아가서 소송을 하는 대혼란을 겪은 후에야 겨우 나름대로 자리를 잡게 됩니다. 결국 아켈라오는 유대와 사마리아, 그리고 남쪽의 이두메를, 안디바는 갈릴리와 베레아(Perea)를, 그리고 빌립은 갈릴리 북동쪽의 이두래와 드라고닛 지역을 다스리게 되었습니다.

〈A.D.와 B.C.의 사용〉 그런데 여기서 우리가 의문을 가질 수 있습니다. 주전(B.C., Before Christ)과 주후(A.D., Anno Domini)를 나누는 기준은 예수님이 세상에 오신 때입니다. 그런데 우리가 알기로 예수님께서 세상에 오셨을 때 헤롯 대왕이 살아 있었습니다. 그렇다면 헤롯은 A. 몇 년에 죽었어야 하는 것 아닙니까? 어떻게 헤롯이 주전 4년에 죽을 수 있습니까?

답은 주전과 주후를 나눈 것이 예수님이 승천 하신 후 오랜 세월이 흐른 후에 이루어졌기 때문이라는 것입니다. 예수님이 세상에 태어나셨을 때 로마 황제가 '자, 하나님의 아들이 세상에 오셨다. 금년을 주후 1년으로 한다'라고 선포한 것이 아닙니다. 기독교가 로마의 국교가 되기 전까지는 사람들은 그 해를 '로마 황제 몇 년'이라고 불렀습니다. 그 예가 누가복음 3:1에 나타납니다. "디베료 황제가 통치한 지 열다섯 해 …"(눅 3:1). 여기서 말하는 디베료 황제란 티베리우스(Tiberius) 황제를 말합니다. 그는 주후 13년 8월 19일에 즉위했으므로 그가 통치한 지 열다섯 해란 주후 28년 8월 19일부터 주후 29년 8월 18일 사이의 기간을 뜻합니다. 그 기간 중 언젠가 세례 요한이 사역을 시작했다는 것입니다.

그런데 기독교를 국교로 받아들이자 '예수님이 만왕의 왕이시고 만주의 주이신데, 세상의 왕인 로마 황제의 즉위 연도를 햇수를 세는 기준으로 삼는 것은 합당치 않다. 예수님이 세상에 오신 해를 연도의 기준으로 삼자'라는 주장이 나오게 되었습니다. A.525년에 디오니시우스(Dionysius Exiguus of Scythia Minor)라는 수도사가 예수님의 탄생 연도를 계산했는데 그만 몇 년의 오류가 발생했습니다. 그 당시 주후 1년이라고 생각했던 것이 사실은 주전 5년이었습니다. 지금 대부분의 학자들은 예수님이 태어나신 해는 주전 5년이고 그 다음 해 즉 주전 4년 니산월(양력 3, 4월) 1일에 헤롯 대왕이 죽었다고 보고 있습니다.

〈라틴어 약자 A.D.와 영어 약자 B.C.〉 말이 나온 김에 관련된 이야기를 하나 더 하고 지나가려고 합니다. B.C.는 영어 Before

Christ의 약자입니다. 그런데 A.D.는 라틴어 Anno Domini의 약자입니다. 왜 두 약자의 언어가 다를까요? 영어로 하려면 둘 다 영어로 하고 라틴어로 하려면 둘 다 라틴어로 해야지, 왜 하나는 영어이고 다른 하나는 라틴어일까요? 그 이유는 각 약자가 만들어진 시기가 다르기 때문입니다. 처음에는 라틴어로 된 A.D.만이 만들어졌습니다. 그런데 그 때는 기원전의 사건들에 대한 연구가 발달하지 않았습니다. 그래서 기원전의 연도를 표기하는 약자를 만들 필요성을 느끼지 못했습니다. 그러다가 나중에 영국에서 고대고고학이 크게 발달하게 됩니다. 그러면서 예수님 이전 시대의 연도를 통일적으로 표기해야 할 필요를 느끼고 되었고 그때 B.C.라는 약자를 만들게 된 것입니다.

〈B.C.E.와 C.E.라는 약자〉 일반적으로 보았을 때는 전세계적으로 A.D.와 B.C.를 즐겨 사용하지만 이슬람권의 학자들이나 반기독교적 성향이 뚜렷한 학자들은 그 약자들을 사용하는 것을 몹시 싫어합니다. 그래서 그런 사람들이 만들어낸 약자가 따로 있습니다. 그것이 C.E.(common era)와 B.C.E.(before common era)입니다. 그들도 전세계가 공용으로 사용하는 연도 표기법을 부정하지는 못합니다. 하지만 거기에 '그리스도 이전'(Before Christ) 혹은 '주님의 연도'(Anno Domini)라는 말을 붙이고 싶지는 않습니다. 그래서 (사람들이 흔히 말하는) '일반적인 시대[구분]'(common era, C.E.), 그리고 '그 일반적 시대 이전'(before common era, B.C.E.)이라는 뜻의 약어를 만들어냈습니다. 전문 서적에서는 생각보다 많이 사용되는 약어입니다.

이제 다시 헤롯 왕가에 대한 설명으로 가보도록 하겠습니다. 헤롯 대왕에 대해서는 위에서 설명했고 이제 그 아들들을 살펴볼 차례입니다.

아켈라우스(Archelaus; 주전 4년 – 주후 6년까지 통치)

아켈라우스 즉 아켈라오는 헤롯이 죽은 주전 4년부터 주후 6년까지 유대와 사마리아, 그리고 이두메를 통치했습니다. 하지만 유대인들과 로마의 눈치를 보느라 실제로 그 지역을 다스린 기간은 얼마 되지 않습니다. 그의 잔인한 품성을 잘 알고 있는 유대인들이 그가 왕이 되는 것을 싫어하여 로마에 영향력을 행사했습니다. 그가 통치를 시작한 다음에 그에게 반대하는 반란이 일어나자 그는 아주 잔인하게 반란을 진압했습니다. 그러자 유다와 사마리아의 대표자들은 로마 황제 아우구스투스에게 가서 아켈라우스를 폐위시켜 줄 것을 요구했습니다.

목숨을 담보로 한 위험한 일이었지만 그들의 노력은 성공을 거두어 아켈라우스는 추방되었습니다. 헤롯 대왕의 아들들 중 안디바는 주후 39년, 빌립은 주후 34년까지 길게 통치를 한 반면 아켈라오는 주후 6년까지만 통치를 합니다. 그의 폭정 때문에 왕위에서 강제로 쫓겨났기 때문입니다. 아켈라오는 A.6년에 갈리아 지방의 비엔나로 추방되었고, 로마 총독 코포니우스(Coponius)가 아켈라오가 다스리던 지역인 유대, 사마리아, 그리고 이두메를 다스리게 되었습니다. 이 때 로마 총독이 유대인들로부터 직접 세금을 거두려 하자 이에 저항하기 위하여 결성된 그룹이 바로 열심당입니다.

로마 황제는 유대의 왕위에 대해 절대적인 권한을 가지고 있었습니다. 누가복음 19:12, 14에 "이르시되 어떤 귀인이 왕위를 받아가지고 오려고 먼 나라로 갈 때에 … 그런데 그 백성이 그를 미워하여 사자를 뒤로 보내어 이르되 우리는 이 사람이 우리의 왕 됨을 원하지 아니하나이다 하였더라"라는 말씀이 있습니다. 아켈라오 사건과 정확히 들어맞는 상황은 아니지만 이런 역사적 배경을 이해하면 이 본문을 좀 더 이해하기 쉬울 것입니다.

〈요셉이 갈릴리에 정착한 이유〉 그리고 마태복음 2:21-23에 보면 아기 예수님이 나사렛으로 오시게 된 사건에 대해 "요셉이 일어나 아기와 그 어머니를 데리고 이스라엘 땅으로 들어가니라. 그러나 아켈라오가 그의 아버지 헤롯을 이어 유대의 임금 됨을 듣고 거기로 가기를 무서워하더니 꿈에 지시하심을 받아 갈릴리 지방으로 떠나가 나사렛이란 동네에 가서 사니"라고 말씀하고 있습니다. 요셉이 아기 예수님을 모시고 이집트로 갔다가 이스라엘 땅으로 돌아왔지만 아켈라오가 유대 땅의 임금이 된 것을 보고 갈릴리 지방 나사렛으로 물러가서 거기 정착했다는 말씀입니다.

그런데 왜 요셉은 유대가 아니라 갈릴리에 정착했을까요? 왜 유대보다 갈릴리가 더 안전한 곳이라고 생각했을까요? 우리는 흔히 먼 거리가 그 이유일 것이라고 생각합니다. '잔인한 아켈라오는 수도인 예루살렘에 있다. 그런데 유대 땅은 예루살렘과 너무 가깝다. 갈릴리는 예루살렘에서 먼 지역이므로 안전할 것이다.' 이렇게 말입니다. 하지만 답은 거리가 아니라 통치권에 있습니다. 무슨 말이냐 하면 갈릴리는 아켈라오의 통치영역이 아니었다는 것입니다. 아켈라오는 유다와 사마리아, 그리고 이두메만을 다스렸습니다. 갈릴리와 베레아(Perea)는 다음에 설명하는 안디바의 통치영역이었습니다. 그러므로 요셉이 갈릴리로 간 것은 멀리 도망을 갔다기보다는 아켈라오의 통치영역을 피해 다른 왕의 통치영역으로 들어간 것입니다.

헤롯 안디바(Herodes Antipas; 주전 4년 – 주후 39년까지 통치)

헤롯 대왕이 죽은 후 헤롯 안디바는 갈릴리와 베레아(Perea)

를 다스렸습니다. 베레아는 요단강 동편 중에서 남쪽 지역을 뜻합니다. 성경에는 베레아라는 지명이 등장하지 않습니다. 우리 귀에 익숙한 유사지명인 베뢰아(Berea)는 마게도냐에 있는 도시입니다(행 17:11). 요단강 동편 중에서 북쪽 지역은 '데가볼리'라고 불렸는데 그 뜻은 '열 개의(deka) 도시들(polis)'입니다. 거기에는 이방인들이 건설한 열 개의 도시가 있었고 그래서 그 근방에서는 돼지들을 키웠습니다(막 5:13).

민족왕의 타이틀을 가졌던 아켈라오와는 달리 안디바는 그보다 한 단계 낮은 분봉왕(tetrarch)으로서 통치를 했습니다. 그는 갈릴리 호수에 디베랴를 건설하기도 했습니다. 그는 원래 이스라엘 동남쪽에 있던 나바티아 왕국의 공주와 결혼했으나 헤로디아와 결혼하기 위해 그녀를 내쫓았습니다. 이 일을 비난하다가 세례 요한이 죽임을 당한 사건은 유명합니다. 안디바에게 시집을 갔던 나바티아의 공주가 헤로디아 때문에 쫓겨나서 집으로 돌아오자 나바티아의 왕 아레타스 4세(Aretas IV)는 분노하여 안디바를 공격했습니다. 안디바는 로마에 도움을 청했지만 집안싸움으로 생각한 로마는 안디바를 돕지 않았습니다. 안디바는 이 사건으로 큰 곤욕을 치렀습니다.

헤로디아를 권력자의 힘에 의해 원래의 남편과 이혼을 당한 가련한 여인으로 생각하면 안 됩니다. 그녀는 상당히 권력지향적인 여자였습니다. 만약 헤롯 안디바와의 결혼이 강요에 의한 것이었다면 세례 요한이 이를 비판했을 때 그에게 감사하는 마음을 가졌어야 할 것입니다. 하지만 그녀는 세례 요한을 원수처럼 생각했습니다. 그래서 딸 살로메가 춤을 추고 난 후 헤롯 안디바가 무슨 선물을 원하느냐고 물었을 때 세례 요한의 목을 구했던 것입니다.

주후 37년에 다음에 설명할 헤롯 아그립바 1세가 바타나이아와 트라코니티스(드라고닛)의 분봉왕이 되는 사건이 발생합니다. 그런데 헤로디아는 아그립바를 좋아하지 않았습니다. 자신의 오빠(혹은 남동생)였는데도 말입니다. 그래서 그녀는 남편 안디바를 부추겨서 황제 칼리굴라에게 아그립바 1세를 모함하게 했습니다. 하지만 그것은 실패하고 말았습니다. 오히려 그들은 아그립바의 공격을 받았습니다. 그래서 안디바는 권력을 잃고 갈리아 즉 지금의 프랑스의 리용으로 추방을 당하고 맙니다. 이것이 주후 39년경의 일인데 헤로디아도 그곳에서 안디바와 함께 지내다가 죽은 것으로 추정됩니다.

빌립(Filippus; 주전 4년 – 주후 34년까지 통치)

빌립은 분봉왕(tetrarch)으로서 갈릴리의 북동쪽 지역 즉 이두래와 드라고닛 지역을 다스렸습니다(눅 3:1). 그는 헤로디아의 딸이자 자신의 조카인 살로메와 결혼을 했습니다. 당시 왕족들 사이의 근친결혼은 흔한 일이었습니다. 하지만 그는 아들이 없이 죽었습니다. 헤로디아의 전남편이었던 빌립은 이 사람과는 다른 사람입니다. 빌립은 갈릴리 호수에 있는 가이사랴 빌립보(Caesarea Filippi)를 건설했습니다.

헤롯 아그립바 1세(Herodes Agrippa I; 주후 37 – 44년까지 통치)

헤롯 대왕의 손자입니다. 사도행전 12장에 그냥 헤롯이라는 이름으로 등장합니다. 그는 새 황제 칼리굴라의 도움으로 주후 37년에 분봉왕으로 즉위를 합니다. 이것이 헤로디아의 시기심을 유발시켰다는 것은 앞에서 설명했습니다. 아그립바 1세는 상당히 잘 나가는 사람이었습니다. 처음에는 빌립의 영토 즉 갈릴리 북동쪽의 이두래와 드라고닛 지역을 받았지만 주후 40년에는 헤롯 안디바의 영토 즉 갈릴리와 베레아, 그리고 주후 41년에는 아켈라오의 영토였던 유대 및 사마리아까지 통치하게 됩니다.

그는 유대인의 환심을 사기 위해 노력을 했습니다. 야고보 사도를 죽이고 베드로를 옥에 가둔 사람이 바로 이 사람입니다(행 12장). 그는 사람들에 의해 신으로 환호를 받은 직후 주후 44년 1, 2월경에 갑자기 죽었습니다. 성경은 벌레가 먹어서 죽었다고 말씀하고 있습니다(행 12:20-23). 그가 죽은 후에 팔레스타인 전역이 로마의 직접 통치를 받게 됩니다.

헤롯 아그립바 2세(Herodes Agrippa II; 주후 52 – 94년)

이 사람은 성경에서 2세라는 설명이 없이 그냥 아그립바라고 소개되고 있습니다. 그는 헤롯 아그립바 1세의 아들입니다. 분봉왕 빌립의 영토였던 갈릴리 북동부 지역을 다스렸습니다. 사도행전 25장을 보면 아그립바 2세가 신임 총독 베스도에게 인사를 하러 왔다가 사도 바울을 심문하는 장면이 나옵니다. 그 때 버니게라는 사람이 아그립바와 함께 왔다고 기록되어 있습니다(행 25:13).

한글 이름으로는 잘 나타나지 않은데 버니게(Bernice)는 여자입니다. 이름을 이탈리아식으로 베르니체라고 읽으면 여자라는 것이 드러납니다. 그녀는 삶이 기구하다고 하면 기구하고 어떻게 보면 이해하기 힘들 정도로 음란한 삶을 살았던 여자입니다. 그녀는 헤롯 아그립바 1세의 큰딸입니다. 첫 남편이 죽자 숙부와 결혼을 했는데 그도 역시 죽었습니다. 그러자 친오빠였던 아그리파 2세와 근친상간을 범했습니다. 친오빠와 부부처럼 살던 그 시기에 총독 베스도에게 인사를 하러 가이사랴에 왔던 것입니다. 그녀는 나중에는 로마 장군의 첩이 되었다가 버림을 받았습니다. 헤롯 아그립바 2세가 헤롯 왕가의 마지막 왕입니다.

로마와의 전쟁과 그 결과

이제 주후 66년에 발발하여 73년에 끝난 대로마항쟁 혹은 유대 전쟁에 대해 살펴보려고 합니다.

유대전쟁의 발발

위에서 살펴보았듯이 아그립바 1세가 헤롯 대왕이 다스리던 영토의 대부분을 손에 넣었었는데 그만 주후 44년에 병에 걸려 죽어버리고 맙니다. 그 이후 팔레스타인은 로마 총독의 지배를 받았습니다. 그러면서 크고 작은 여러 가지 불만이 쌓이게 됩니다. 그러다가 무력 봉기의 직접적 동기가 된 사건이 발생하는데, 그것은 로마 총독 플로루스(Gessius Florus, 주후 64-66년까지 유대 총독)가 유대에서 다 못 거둔 세금 대신 약 17달란트의 금화를 성전고에서 탈취해 가려던 사건입니다. 달란트라는 무게 단위는 경우에 따라 약간씩 차이가 있었지만 대략 34킬로그램 정도였습니다.

유대인들은 성전에서 황제를 위한 제사를 드렸었습니다. 유대가 로마의 지배 아래 있다는 하나의 표시였습니다. 그런데 유대인들은 주후 66년 6월에 그 제사를 폐지하게 됩니다. 이것은 유대가 더 이상 로마의 속국이 아님을 선포하는 상징적인 사건이었습니다.

유대전쟁의 전개

그 당시 팔레스타인이 속해 있던 시리아 지역의 총독은 케스티우스 갈루스(Gaius Cestius Gallus)였습니다. 그는 반란이 발생하자 안디옥에 있던 로마군과 앞에서 설명했던 헤롯 아그립바 2세의 지원군을 이끌고 와서 반란군을 제압하려 했습니다. 하지만 실패하고 병으로 죽고 말았습니다. 당시 로마의 황제였던 네로는 갈루스 대신 베스파시아누스(Flavius Vespasianus)를 파송합니다. 이 사람에 대해서는 앞에서 요세푸스를 설명하면서 잠시 이야기한 적이 있습니다. 그는 약 6만여 명의 군대를 이끌고 유대인들을 치기 위해 팔레스타인으로 옵니다.

그는 북쪽에서부터 무차별적으로 공격해 가며 수도 예루살렘을 향해 진군해 갔습니다. 그러던 중 중요한 사건이 발생합니다. 갈릴리의 요타파타 요새라는 곳에서 유대 정예군과 전투를 벌이게 되었는데 이 전투는 무려 47일간이나 계속 되었습니다. 결국 로마군의 승리로 끝난 이 전투에서 4만 명이 죽고 1,200명이 포로로 잡혔다고 합니다. 베스파시아누스는 유대인들에게 항복을 권고했는데 대부분의 유대인들은 항복이 아니라 자결을 택했습니다. 그런데 그들 중 오직 두 명만이 자발적으로 로마군에게 나와서 항복을 했습니다. 그들 중 하나가 바로 앞서 소개했던 요세푸스였습니다. 그는 베스파시아누스 장군을 보자 그가 앞으로 로마 황제가 될 것이라고 예언을 했습니다. 이 사건 때문에 유대인들이 그를 계속 배신자로 여기게 되었고 이를 괴롭게 여긴 요세푸스가 로마에서 자신을 변호하기 위해 자서전을 집필했다는 이야기는 이미 앞에서 했습니다.

주후 68년에 네로가 죽자 사람들은 그 다음 해에 베스파시아누스를 황제로 추대했습니다. 특히 그가 통솔하던 동방 군단 사람들이 그가 황제가 되는 데 큰 역할을 했습니다. 그리고 그가 떠난 후 유대 전쟁의 마무리는 그의 아들이었던 티투스(Titus, 흔히 디도 장군으로 알려짐)가 맡게 되었습니다. 유대 군대를 치기 위한 로마 군대의 수는 점점 많아져 갔습니다.

열심당원들의 한심한 행동들

결국 예루살렘은 로마군에 의해 포위가 되고 말았습니다. 그런데 이때 예루살렘에서는 여러 가지 한심한 일들이 벌어졌습니다.

첫째, 그들은 유대인들이 유월절에 예루살렘으로 오는 것을 막지 않았습니다. 정상적인 상식을 가진 사람들이라면 곧 피비린내가 나는 전투가 벌어질 것이 확실한 예루살렘으로 일반인들이 오지 못하도록 말렸어야 할 것입니다. 하지만 그들은 그런 일을 전혀 하지 않았고 하나님의 성이 이방인들에게 점령되는 일은 없을 것이라고 하면서 오히려 순례자들이 예루살렘으로 오는 것을 장려했습니다. 그래서 나중에 로마에 의해 학살당하고 포로로 잡힌 유대인들의 수가 그토록 많았던 것입니다.

둘째, 유대인들은 로마와 전투를 벌이기 전에 자기들끼리 싸움을 벌였습니다. 현실을 직시하고 로마에 항복하자는 온건파와 끝까지 항전해야 한다는 강경파가 대립한 것입니다. 이 과정에서 예루살렘에서는 화재가 발생했고 열심당원들이 주축이 된 강경파들은 항복을 주장하는 사람들을 무참히 살해했습니다. 요세푸스의 기록에 따르자면 유대 반란군 지도자들의 대다수는 로마군이 아니라 유대인들에 의해 이 때 살해되었다고 합니다.

셋째, 유대인들은 예루살렘에서 배수진을 펼치기 위해 성안에 있던 식량을 모두 불태워버렸습니다. 이로 인해 나중에 많은 군인들과 주민들이 굶어죽게 됩니다. 참으로 어이가 없는 일이었지만 열심당원들은 그런 일을 실제로 행했습니다.

요세푸스는 매우 합리적인 사람이었습니다. 그런 그가 이런 사람들과 함께 갈릴리에서 전투를 하면서 회의를 느꼈을 것은 분명합니다. 그래서 그는 기회가 생기자 베스파시아누스 장군에게 항복을 했을 것입니다. 그리고 자신을 배신자라고 부르며 미워하는 동족들에게 자신을 변호하기 위해 로마에서 자서전을 썼던 것입니다.

전쟁의 마무리

예루살렘 전투는 참혹했습니다. 로마군은 도시에서 탈출하려는 자들은 모두 잡아서 십자가형에 처했습니다. 예루살렘이 함락될 때까지 약 일만 명이 십자가형으로 죽었다고 합니다. 드디어 주후 70년 8월 10일에 로마군이 예루살렘 성전을 불태웠습니다. 9월 20일에는 예루살렘에서의 모든 저항이 사라졌습니다. 이 전쟁에서 포로로 잡힌 유대인의 수는 약 9만 7천 명이었다고 합니다. 그 때 티투스가 예루살렘 성전 벽을 하나 남겨 두었는데 그것은 자비를 베풀어서 그렇게 한 것이 아니고 '내가 이토록 높은 벽을 가진 큰 도성을 점령했다'는 것을 기념하기 위해서였습니다. 그 벽이 지금도 남아 있는 통곡의 벽입니다.

예루살렘을 점령하여 사실상 전쟁을 끝낸 티투스(Titus)는 71년에 로마로 돌아갔습니다. 하지만 예루살렘이 함락된 후에도 소수 과격파들의 항전이 계속되었습니다. 그들은 예루살렘 서남쪽 30km 지점에 있던 헤로디움과 사해 동쪽의 마카이로스, 그리고 사해 서쪽에 있는 마사다 요새에서 최후의 항전을 했습니다. 하지만 그들의 항전은 티투스의 후임으로 전투를 맡았던 플라비우스 실바(Flavius Silva) 장군이 주후 73년에 마사다 요새를 손에 넣음으로써 완전히 끝나게 됩니다.

전쟁의 결과

이 전쟁의 결과 유대인들의 역사는 완전히 바뀌게 됩니다.

〈정치적 측면〉 로마인들은 줄리어스 시저 때부터 유대인들에 대해서는 관용적인 정책을 펼쳐 왔습니다. 그 배후에는 팔레스타인이 갖는 지정학적 중요성이 있었다는 것은 앞에서 설명한 바와 같습니다. 그런데 이번 전쟁의 결과 그런 관용정책은 완전히 사라지게 됩니다.

〈종교적 측면〉 예루살렘의 대제사장 제도가 폐지되고, 산헤드린도 없어집니다. 성전이 파괴되었기 때문에 사두개파가 없어지고, 전쟁의 주도세력이었던 열심당도 사라집니다. 그리고 은둔생활을 하던 엣센파도 주후 68년에 로마군에 의해 초토화 된 후에 명맥이 끊어집니다. 결국 전쟁 이후에는 유대교의 4대 분파들 중 오직 바리새파만 명맥을 유지할 수 있었습니다. 그 이유는 그들은 율법 중심의 분파로서 성전이 없이도 존속이 가능했기 때문입니다.

〈기독교와의 관계〉 주후 2세기에 리용(Lyons)의 주교였던 이레네우스(Iranaeus, A.125-202)에 따르자면 기독교인들은 예수님이 누가복음 21:20-24에서 하신 명령에 따라 이 전쟁에 참여하지 않고 안전한 곳에 피신하여 있었다고 합니다. 예수님께서는 21절에서 "그 때에 유대에 있는 자들은 산으로 도망갈 것이며"라고 말씀하셨습니다. 기독교인들은 이 말씀에 따라 요단강 동쪽에 있던 펠라(Pella)라는 산위의 도시로 피신하여 전쟁이 끝날 때까지 그곳에 머물렀습니다.

기독교인들이 이 전쟁에 참여하지 않은 이유는 간단합니다. 이 전쟁의 주동자들은 열심당원들이었습니다. 그런데 그들은 자신들이 싸움을 하여 피를 흘리면 하나님께서 메시야를 더 빨리 이 땅에 보내주실 것이라는 주장을 하는 자들이었습니다. 전쟁을 시작하게 된 이유도 거기에 있었습니다. 하지만 기독교인의 입장에서는 메시야는 예수님이십니다. 그분은 이미 이 세상에 오셨다가 승천하셨습니다. 그러므로 메시야를 오시게 하려는 싸움에는 참여할 필요가 없었습니다.

그런데 이것이 예수님을 믿는 유대인들과 믿지 않는 유대인들 사이를 갈라놓는 계기가 되었습니다. 전쟁에 참여했던 유대인들은 자신들이 피 흘려 싸우는 사이에 펠라에서 가만히 전쟁을 지켜보기만 하던 기독교인들이 무척 미웠을 것입니다.

유대교와 기독교의 분열

교회는 사도행전 2장에서 오순절 성령강림 사건이 발생함으로써 시작되었습니다. 그런데 많은 이들은 교회가 시작됨과 동시에 기독교와 유대교가 별개의 종교로서 갈라졌을 것이라고 생각합니다. 하지만 그렇지 않습니다. 기독교인들은 자신들이 새로운 종교를 만들고 있다고 생각하지 않았습니다. 오히려 자신들이야말로 구약 종교의 참된 계승자들이라고 생각했습니다. 왜냐하면 구약성경은 많은 곳에서 메시야에 대해 예언하고 있는데 자신들은 그 메시야이신 예수님을 받아들이고 믿는 자들이었기 때문입니다. 예수님을 믿는 유대인들은 자신들이야말로 가장 신실한 유대교인이라고 생각했습니다.

사도행전 2장에 오순절 사건이 기록되어 있습니다. 그리고 곧 이어지는 사도행전 3장에 보면 제 구 시 기도 시간에 베드로와 요한이 성전에 올라갔다고 말씀하고 있습니다. 교회의 지도자였던 사도들의 기도처소가 성전이었습니다. 자신들이 새로운 종교를 창설했다고 생각했다면 성전에 올라가서 기도를 드리지는 않았을 것입니다. 물론 기독교인들은 교회에서 자신들끼리 모여 예배를 드렸습니다. 하지만 그렇다고 해서 유대인 기독교 신자들이 자신들이 평생 관계를 맺어왔던 회당과의 모든 관계를 끊어버렸던 것은 아닙니다.

그런데 그러다가 정말로 회당과 교회가 완전히 분리되는 사건이 발생합니다. 지금부터 그 과정을 설명하도록 하겠습니다.

율법 중심의 유대교의 탄생

마사다 요새가 함락된 주후 73년에 베스파시아누스 황제는 랍비들이 일종의 유대연구소를 만드는 것을 허락해 주었습니다. 이 일에 주도적 역할을 한 사람은 요하난 벤 자카이(Johanan ben Zakkai)라는 사람입니다. 그는 당시 최고의 랍비였는데 예루살렘이 로마군에 의해 포위되어 있을 때 의외의 행동을 했습니다.

로마가 예루살렘을 포위하고 있는 동안 성 밖으로 나오는 자들은 모두 잡아서 십자가에 못 박아 죽여 버렸습니다. 하지만 성 밖 출입을 허용한 유일한 경우가 있었는데 그것은 전염병으로 죽은 시체를 버리기 위해 분문을 열고 나와서 시체를 버리고 다시 들어가는 경우였습니다. 로마군은 어차피 나중에 자신들이 예루살렘에 들어가게 될 텐데, 그 때 전염병으로 죽은 시체가 곳곳에서 썩어가고 있다면 불쾌한 일이 될 것입니다. 그래서 시체를 내다버리는 일만은 허락을 했습니다.

예루살렘 안에 있던 랍비 요하난 벤 자카이는 예루살렘이 곧 멸망할 것이라는 사실을 예감했습니다. 그것은 유대 민족 전체에게 큰 위기가 될 것입니다. 하지만 유대인들이 자신들의 정체성을 지킬 수 있다면 훗날을 기약할 수 있을 것입니다. 유대인들의 정체성을 지킬 수 있는 필수 요소에는 세 가지가 있습니다. 성전과 율법과 랍비가 그것입니다. 그런데 성전은 파괴될 것이 뻔합니다. 그리고 성전 안에 있던 모든 율법서들이 불태워질 것도 뻔합니다. 그래서 요하난 벤 자카이는 유대인들의 정체성을 유지하기 위해서는 랍비들을 살려야겠다고 마음을 먹었습니다.

그런데 자신이 랍비들의 지도자입니다. 그래서 자신이 꼭 살아야겠다고 결심을 했습니다. 하지만 성 밖으로 나가기 위해서는 죽는 방법밖에는 없었습니다. 그래서 그는 자신을 시체로 위장했습니다. 그리고 자신의 제자인 랍비 엘리에제르와 랍비 여호수아에게 들려서 성 밖으로 옮겨진 후 로마군에 투항을 했습니다.

마침 필자가 쓴 책들 중에 『랍비아람어 독해연구』(*Readings in Rabbinical Aramaic*, 서울: 아가페문화사, 2003)라는 책이 있습니다. 이 책은 말 그대로 예수님 당시 랍비들이 사용하던 아람어를 배우기 위한 언어교재입니다. 그런데 그 중 한 장에서 요하난 벤 자카이가 예루살렘 성에서 빠져나오는 부분에 대한 이야기가 있습니다. 영어책을 번역한 것이 아니라 필자 자신이 게세니우스(Gesenius) 아람어 사전을 수백 번씩 뒤져가며 아람어 원문에서 직역한 것입니다. 문자 위주의 직역이기 때문에 문체는 어색할 수 있지만 이 이야기가 담겨 있는 원문의 분위기를 느껴볼 수 있을 것입니다. 그리고 중간에 흥미 있는 이야기들도 섞여 있습니다. 그 이야기들을 통해 당시 랍비들이 구약성경을 어떻게 해석하고 있는지를 알 수 있습니다.

〈베스파시안 진영에서의 요하난 벤 자카이〉

랍비 요하난 벤 자카이(Jochanan ben Zakkaj)가 성안을 둘러보기 위해 나갔다. 그리고 그는 짚을 끓여서 그것의 국물을 마시고 있는 사람들을 보았다. 그가 말했다. "짚을 끓여서 그것의 물을 마시고 있는 자들이 베스파시안의 군대를 대적할 수 있는가? 유일한 방법은 내가 이곳에서 나가는 것이다." 그가 벤 바티아(ben Batiah)에게 말했다. "나를 이곳으로부터 내어가라!" 그가 그에게 말했다. "죽은 사람의 모습으로가 아니고서는 이곳으로부터 나갈 수가 없습니다." 그가 그에게 말했다. "죽은 자의 모습으로 나를 이곳으로부터 내어가라!" 그가 죽은 척했다. 그리고 그의 제자들이 그를 관 속에 눕혔다. 랍비 엘리에제르가 그의 머리 쪽에서, 그리고 랍비 여호수아가 그의 발쪽에서 (그를) 운반했다. 그리고 벤 바티아가 옷을 찢으면서 그의 앞에서 걸었다.

그들이 성문에 도착했을 때, 그들(로마 군인들)은 그에게(랍비의 몸에) 구멍을 내려고 했다. 그들(제자들)이 그들(로마 군인들)에게 말했다. "당신들이 하려고 하는 일은 우리의 원수들이 말하는 내용, 즉 '그들은 심지어 자신들의 스승도 돌아보지 않는다'라고 하는 말 그대로이다." 그들(제자들)이 그(벤 자카이)를 밖으로 내왔을 때, 그들(로마 군인들)은 그(벤 자카이)에게 하나의 묘지를 주었다. 그리고 그들(제자들)은 성읍으로 돌아갔다.

그들이 돌아갔을 때, 랍비 요하난 벤 자카이는 스스로 베스파시안의 군대 쪽으로 걸어갔다. 그가 그들에게 말했다. "당신들의 왕은 어디에 있는가?" 그들이 그에게 말했다. "너는 무엇 때문에 묻는가?"

그가 그들에게 말했다. "왜냐하면 나는 그에게 안부 인사를 하고 싶기 때문이다." 그들이 가서 그(베스파시아누스)에게 말했다. "여기 당신에게 인사하기를 원하는 한 유대인이 있습니다." 그가 그들에게 "그를 데려오"라고 말했다. 그는 그에게로 가서 찬미하기 시작했다. "황제 폐하 만세!" 그가 그에게 말했다. "당신이 나에게 왕이라고 말했다. 그러나 나는 왕이 아니다. 그리고 이제 왕이 (그 말을) 들으면, 그는 (사람들을) 보내 나를 죽일 것이다."

[벤 자카이가 베스파시안에게 말했다.] "만약 당신이 왕이 아니라면 당신은 결국 왕이 될 것이다. 왜냐하면 이 집은 왕의 손으로가 아니고서는 파괴되지 않을 것이기 때문이다. 왜냐하면 그것(성전)은 영원한 왕의 집(이기 때문이다). 그리고 왕이 아닌 다른 비천한 자는 그것을 통치하지 못할 것이다. 왜냐하면 '레바논은 권능 있는 자의 손에 떨어질 것이다'라고 말씀되었기 때문이다."

그리고 그들(로마인)이 그(벤 자카이)를 취해서 일곱 겹으로 둘러싼 공간 내부에 그를 가두었다. 그들이 그에게 물었다. "(지금은) 밤 몇 시인가?" 그러자 그가 그들에게 (정답을) 말했다. (그들이 물었다.) "(지금은) 낮 몇 시인가?" 그리고 그는 그들에게 (정답을) 말했다. 그런데 어떻게 랍비 요하난 벤 자카이는 (시간을) 알고 있었는가?(아람어 기자의 질문이다.) 그것은 단지 미쉬나(미쉬나는 주후 200년경에야 기록된다. 여기서는 그 내용을 이루는 구전율법을 말한다.)를 반복해서 암송함을 통해서였다.

삼십 일 후에 베스파시안은 목욕을 하기 위해 유명한 구프나로 갔다. 목욕을 한 후 그는 나가서 옷을 입고 신들 중 한 짝을 신었다. 그때 그들은 네로가 죽었으며 로마인들이 그(베스파시안)를 왕으로 삼았다는, 로마로부터의 편지를 그에게 가져왔다. 그는 다른 쪽의 신발도 신기를 원했다. 그러나 그는 발을 (신발 속으로) 집어넣을 수가 없었다. 그가 말했다. "나에게 저 유대인을 데려오라!"

그들이 가서 그를 데려왔다. 그가 그에게 말했다. "무엇 때문인가? 나는 요즘 매일 이 신발을 신는다. 그리고 지금 나는 그것들 중 한 짝을 신었다. 그리고 나머지 한 짝도 신기를 원한다. 그런데 나는 내 발을 집어넣을 수가 없다." 그(벤 자카이)가 그(베스파시안)에게 말했다. "당신은 좋은 소식을 받았다. 그래서 당신의 뼈가 부풀어 오른 것이다. 왜냐하면 '좋은 소식은 뼈를 살찌게 할 것이다'라고 적혀 있기 때문이다."

그(베스파시안)가 그(벤 자카이)에게 말했다. "내가 무엇을 하여야 그것이 신발 안으로 들어갈 것인가?" 그가 그에게 말했다. "만약 당신에게 원수나 채무자가 있거든, 그를 당신 앞으로 지나가게 하라. 왜냐하면 당신이 화가 나면 당신의 뼈가 줄어들 것이고, 그러면 그것(나머지 한쪽 발)이 들어갈 것이기 때문이다. 왜냐하면 '상처 받은 마음은 뼈를 마르게 할 것이다'라고 적혀 있기 때문이다." 그가 그렇게 행했다. 그리고 다른 쪽 신을 신었다.

베스파시안이 그 도시를 정복한 후, 그가 랍비 요하난 벤 자카이에게 말했다. "당신을 위해 요청을 하라. 그러면 내가 실행할 것이다." 그가 말했다. "나는 당신이 도시를 떠나 혼자 가버릴 것을 요구한다." 그(베스파시안)가 그에게 말했다. "우리가 도시를 그냥 떠나도록 하기 위해 로마인들이 나를 왕으로 만들었겠는가?"

그(벤 자카이)가 그에게 말했다. "만약 그렇다면 나는 당신에게 리다(유대의 지명)로 향하는 성문을 세 시까지 열어 두어서 성 밖으로 나가기를 원하는 자는 스스로 나가도록 하고, 나에게 호위대를 붙여 줄 것을 요구한다." 그가 그렇게 행했다. 그는 리다 쪽으로 향하는 서쪽 성문을 세 시까지 열린 채로 내버려 두었다. 스스로 나가기로 굳게 마음을 먹은 사람은 그 누구도 죽임을 당하지 않았다.

도시를 정복한 이후 그(베스파시안)가 그에게 말했다. "만약 당신에게 가까운 친척이나 먼 친척이 있다면 (그에게 사람을) 보내어 그를 (성 밖으로) 끄집어내라!" 그가 보냈다. 그리고 모든 랍비들을 끄집어냈다. 그는 랍비 사독과 그의 아들을 끄집어내기 위해 랍비 엘리에제르와 랍비 여호수아를 보냈다.

그들이 도시 속에서 삼일 동안 수고를 했다. 그러나 그들은 그를 발견하지 못했다. 삼일 후에 그들은 도시의 하수구들 중 하나에서 그들을 발견했다. 그들은 그(사독)를 랍비 요하난 벤 자카이에게로 데려왔다.

얌니아 종교회의

위의 글을 보면 베스파시아누스의 신발과 관련하여 요하난 벤 자카이가 성경을 이상하게 해석하는 것을 볼 수 있습니다. 우리에게는 이상하게 보이지만 사실 그 당시에는 흔하게 사용되던 해석방식이었습니다.

요하난 벤 자카이는 최선을 다해 예루살렘 성에서 랍비들을 구출해 냈습니다. 그리고 나중에 얌니아라는 곳에서 랍비들로 이루어진 일종의 종교회의를 개최했습니다. 그 회의의 목적은 성전이 없는 상태로도 유지될 수 있는, 율법 중심의 유대교를 만들어내는 일이었습니다. 구약 종교의 중심은 성전입니다. 그러므로 성전이 없는 유대교는 생각할 수도 없는 것입니다. 그런데 그 성전이 파괴되어 버렸습니다. 우리는 이것을 하나님께서 하신 일로 생각합니다. 이제 예수님이 오신 이후에는 성전이 필요 없게 되었습니다. 그래서 하나님께서 성전을 없애신 것입니다.

하지만 예수님을 믿지 않던 유대인들은 그런 생각을 할 수가 없었습니다. 그래서 성전이 없어도 계속 존속할 수 있는 율법 중심의 새로운 유대교를 만들어내기를 원했고 또 만들어냈습니다. 그리고 그 때 만들어낸 새로운 형태의 유대교가 지금의 현대 유대교의 모체가 되었습니다.

가말리엘 2세와 '셰모네 에스레이'

요하난 벤 자카이가 새로이 탄생한 성전 없는 유대교의 초대 수장이 되었습니다. 그런데 그는 성품이 무척 관대한 인물이었습니다. 그래서 기독교 신앙을 가진 유대인들이 회당에 출입하는 것을 막지 않았습니다. 그가 기독교에 대해 비교적 관용적이었던 이유는 자신의 개인적인 성품 탓도 있지만 당시 유대교의 상황이 워낙 급박했기 때문에 기독교에 대해 신경을 쓸 여유가 없었던 탓도 있습니다.

하지만 그의 뒤를 이어 유대교의 수장이 된 가말리엘 2세는 전혀 다른 성격의 소유자였습니다. 그는 사도 바울의 스승인 가말리엘 1세의 손자입니다(행 22:3). 그는 기독교에 대해 대단히 적대적이었습니다. 그가 예수님을 믿는 유대인들을 회당에서 쫓아낸 방법은 '18기도문'이라는 것을 통해서였습니다. 우리가 예배를 드릴 때마다 주기도문을 낭송하듯이 유대인들은 '18기도문'이라는 것을 함께 낭송했습니다. 숫자 18이 히브리어로 '쉐모네(8) 에스레이(10)'이기 때문에 그 기도문의 히브리 명칭은 '셰모네 에스레이'입니다.

셰모네 에스레이는 18가지의 기도문들로 구성되어 있었습니다. 그런데 가말리엘 2세는 그 중간에 12번째 기도문을 작성하여 새로 끼워 넣었습니다. 그래서 전체 기도문은 다음과 같이 되었습니다.

1) 조상들을 지키시고 사랑하시는 하나님, 2) 전능하신 하나님, 3) 하나님의 이름의 거룩함, 4) 인간에게 지식을 주시는 하나님, 5) 회개하게 하소서, 6) 용서해 주소서, 7) 구원하소서, 8) 치료하시고 건강을 주소서, 9) 풍년을 주소서, 10) 흩어진 디아스포라를 돌아오게 하소서, 11) 정의를 회복케 하소서, 12) 이단(기독교)을 멸하소서(비르카트 하미님), 13) 의인을 축복하소서, 14) 예루살렘을 재건하소서, 15) 다윗의 후손을 보내서 다스리소서, 16) 기도를 들어주소서, 17) 시온산에서 성전 예배를 회복하소서, 18) 감사의 기도, 19) 평화를 주소서. (인용: 남병식, 『바이블문화코드』 [서울: 생명의 말씀사, 2006], 82-83).

12번째 기도문을 추가해 넣어 전체 항목은 19개가 되었지만 기도문의 이름은 고유명사이기 때문에 그대로 '셰모네 에스레이'로 불렸습니다. 12번째 기도문을 히브리어로 '비르카트 하미님'이라고 하는데 '이단(미님, '하'는 정관사)에 대한 저주(비르카트)'라는 뜻입니다. 12번째 기도문의 내용은 다음과 같습니다.

"배교자들에게는 어떤 소망도 없게 하시고, 우리의 생애 동안에 오만의 지배를 속히 근절하시며, 나사렛인들과 이교도들이 일순간에 멸망하도록 하시고, 그들을 생명책으로부터 지워버리셔서

의인들과 함께 기록되지 않게 하소서. 오만한 자를 겸손케 만드시는, 오 여호와여, 당신은 복되시도다." (비슬리 머리[R. Beasley-Murray], 『요한복음』, *Word Biblical Commentary*, vol. 36, 이덕신 역 [서울: 도서출판 솔로몬, 2001], 54.)

이 기도문이 의도하는 바는 기독교인들은 더 이상 회당 집회에 참석하지 말라는 것입니다. 아무리 동족을 사랑하고 회당을 사랑하는 유대인 기독교인이라도 이 기도문을 함께 낭송할 수는 없었습니다. 그래서 이때부터 교회와 회당, 다시 말해서 유대교와 기독교는 서로 다른 종교로서 완전히 갈라지게 됩니다.

그 이후에 교회와 회당은 치열한 논쟁을 벌이게 됩니다. 그것은 교회와 회당 중에서 누가 과연 구약의 전통을 바로 계승한 단체인가 하는 것이었습니다. 양자가 모두 구약성경을 하나님의 말씀으로 받아들이고 있는데 양쪽이 서로를 용납하지 못하는 상황에서 양쪽 모두가 옳을 수는 없었기 때문입니다. 참고로 이런 논쟁의 와중에서 쓰여진 책이 요한복음입니다. 그렇기 때문에 요한복음에는 유대인 혹은 유대교에 대한 신랄한 비판이 포함되어 있습니다. 그리고 1세기 말에 요한복음, 요한서신, 요한계시록이 기록됨으로써 신약성경의 저술은 끝이 나게 됩니다.

Epilogue

책을 맺으며

이 책의 목적은 신약을 이해하기 위한 역사적 배경지식을 제공하는 것입니다. 그렇기 때문에 이제 신약성경 중 가장 마지막에 쓰인 요한문헌들의 역사적 배경을 설명했으니 여기서 책을 맺으려 합니다. 이 책에서 가장 주의를 기울인 점은 방대한 신구약 중간기의 역사 중에서 신약성경을 읽기 위해 필요한 부분만을 골라내어 신약과의 연관성을 지적하며 설명하는 것이었습니다. 부디 이 책이 하나님의 말씀을 더 잘 이해하는 데 도움이 되기를 바랍니다.